내 인생의 무기

이겨 놓고 싸우는
88개 삶의 자세와 가치

내 인생의 무기

최보기 지음

도서출판 새빛
AEVIT

　　사람은 각자마다 자신만의 '무기'가 있다. 능력주의를 앞세우는 자본주의 사회라면 가장 쉽게는 돈을 무기로 삼는 사람이 있고, 권력이 무기인 사람도 있다. 도전정신과 패기를 무기 삼는 사람, 남다른 성실함이 무기인 사람, 겸손과 솔직이 무기인 사람, 불굴의 용기와 포기하지 않는 오뚝이 정신의 소유자, 심지어 거짓말이 무기인 사람까지 무기의 종류는 천차만별이다.

　　오로지 하나의 무기만 가진 사람은 성공하기 어렵다. 세상일이란 너무너무 복잡하고 다단해서 한 가지 무기만으로 모든 문제와 위기에 적합하게 대응할 수 없다. 그러므로 무기는 복합적이어야 하고, 융합적이어야 한다.

　　여기에 쓰는 88가지 무기는 짧지 않은 60년 동안 저자가 치열하게 벌여온 생존경쟁의 관계와 관계 속에서, 현자들의 책에서 얻어터지고 깨지며 몸으로 대오각성한 것들이다. 그러므로 그동안 어디서나 쉽게 보기 어려웠던 무기들이다.

이 무기들은 남을 찌르고자 끝을 시퍼렇게 벼린 창칼이 아니다. 때로는 강한 창칼을 막아내는 튼튼한 방패요, 때로는 비수를 품은 상대의 마음을 녹이는 봄바람이요, 때로는 불같은 내 성정을 다스리는 얼음물이다.

한고청향(寒苦淸香), 매화는 혹독한 추위를 이겨내야 맑은 향기를 뿜을 수 있다. 잠시의 실패에 좌절 금지, 잠시의 성공에 자만 금지, 일희일비(一喜一悲)하지 말자. 세상은 생각보다 좁고, 인생은 생각보다 길다. 임진왜란을 앞두고 거북선을 만들었던 이순신 장군처럼 엄동설한 한복판이라도 나만의 향기를 뿜어낼 무기들을 미리 만들자. 문제와 위기가 닥쳤을 때야 무기를 구하려고 나서는 자, 끝내 성공하지 못하리.

나는 북한산 백운대 높은 절벽의 바위틈을 뚫고 홀로 의연하게 버티는 소나무를 추앙한다.

관악산 아래 별빛내린천에서
최보기 씀

Contents

Contents

인생은 무거운 짐을 지고 먼 길을 가는 것과 같다.
서두르면 안 된다.
무슨 일이건 마음대로 되는 것이 없다는 걸 알면
굳이 불만을 가질 이유가 없다.
마음에 욕망이 생기거든 곤궁한 때를 생각하라.
인내(忍耐)는 무사장구(無事長久)의 근본이다.

분노를 적(敵)이라고 생각하라.
승리만 알고 패배를 모르면 그 해가 자기 몸에 미친다.
자신을 탓하되 남을 나무라면 안 된다.
미치지 못하는 것은 지나친 것보다 나은 것이다.
풀잎 위 이슬도 무거우면 떨어지기 마련이다.

-도쿠가와 이에야스 (德川家康) 유훈 일부-

내가 입을 다물었다면
나는 여기에 있지 않을 것이다.

-고(故) 차동엽 신부 『무지개 원리』-

겸손해서
손해 본 적 없었다

40대 초반에 70대 선배님들과 산에 오른 적이 있다. 그들은 자기 영역에서 나름대로 크게 성공한 중견기업그룹 회장, 전직 고위 공직자와 대학 교수, 대기업 임원 등이었다. 정상 인근에서 도시락을 먹을 때 성공 비결이 무엇이었는지 대화가 오갔다. 설왕설래 끝에 '겸손해서 손해 본 적이 없었다'는 지혜에 도달했고, '건강한 놈이 이기는 놈'이란 처음이요, 마지막 무기에 모두 동의했다.

생로병사는 하늘에 맡기되 내 의지로 수련이 가능한 '겸손하게 살기'를 그때 다짐했다. 잘난 체하지 않고, 남 무시하지 않고, 나를 낮추고, 화내고 싸워 불편한 관계를 유지하느니 너털너털 웃으며 넘어가자고 주문을 넣었다. 그런다고 사람이 하루아침에 변하기는 어려웠지만 시간이 흐르면서 그렇게 살면 더 편하다는 것을 가끔 실생활에서 경험했다. 그때마다 '아, 겸손이 좋긴 좋구나' 싶은 한편, '이건 흔한 처세술과 다를 게 없지 않은가'라는 의문이 들었다. '사람이 살면 얼마나 산다고 평생 굽히고만 살 건가' 싶기도 했다.

유야무야, 사는 게 옛날과 크게 달라진 것 같진 않았지만 '겸손'을 머릿속에 붙잡아두려는 생각은 늘 있었다. 그런데 언제부터인가 '얼굴이 나이보다 늙었다'는 말 대신 '얼굴이 좋아졌다'는 말을 자주 듣게 됐다. 남달리 운동이나 피부관리를 하는 것도 아닌데 그랬다. 그때마다 '마음이 편해서'라 말했는데 가만 들여다봤더니 정말 내 마음이 편했다. 크든 작든 남과 비교하고, 남을 탓하며 화내거나 스트레스를 자초하는 일이 드물었다. 옛날과 다르게 가급적 다른 사람 입장을 이해하고, 인정하려는 버릇이 생겼다. 가족들과 갈등이나 다툼, 사회에서 불편한 관계로 지내는 사람, 매사 걱정하는 것도 줄었다. 어려움을 겪는 사람을 배려하는 마음은 좀 더 커졌다.

　문득 사전을 찾아보니 겸손(謙遜)은 '남을 존중하고 자기를 낮추는 태도를 보이는 것'이었다. 그러니까 겸손은 남을 존중하는 것이 나를 낮추는 것보다 먼저였다. 모르는 사이 내게 남을 존중하는 마음이 조금 생겼던 모양이다. 그것을 스스로 각성하는데 15년이나 걸렸지만 기분은 좋았다. 큰 병치레만 없다면 30년은 더 살아야 하는데 알짜배기 겸손한 태도를 가질 것을 생각만 해도 마음이 설렌다. 나이가 들어갈수록 얼굴은 온화해지고, 마음은 넉넉해지는 노신사가 머릿속에 그려졌다. 10년 후 내 나이 칠십이 되면 "겸손해서 손해 본 적 없었다"는 말을 젊은 후배들에게 자신 있게 할 수 있길 빈다.

66

"무릇 자기를 높이는 자는 낮아지고 자기를 낮추는 자는 높아지리라. 오만이 오면 수치도 오지만 겸손한 이에게는 지혜가 따르리라."

－성경－

99

"겸손은 고개를 숙이는 각도가 아니라
마음을 숙이는 각도이다."

신(神)은 언제나
한쪽 문을 열어두셨다

'신이 공평한 것은 누구든 미래를 알 수 없게 해둔 것이다. 신은 한쪽 문을 닫으면 다른 한쪽 문을 열어주신다.'는 말을 특히 좋아한다. 일이 안 풀릴 때마다 저 말이 희망과 용기를 준다. 지난 삶을 돌아보면 가슴 쓸어내릴 일도 참 많은데 그때마다 운 좋게 위기를 넘겼다. 만약 그것이 앞뒤 없는 우연이 아니라 신이 관여한 결과였다면, 신은 늘 내게 먹고 살 만큼은 길을 열어주시는 것이었다. 끝내 광산에서 노다지 캐기를 포기한 사람의 화난 발길질에 우연히(?) 에메랄드 광석이 채이게 해주는 살렘의 왕 멜키세덱처럼. (파울로 코엘료 『연금술사』)

한때 신을 의심했다. 특히 아이들이 안타깝게 희생당한 세월호 때는 신을 부정했다. 신이 어떻게 저런 비극을 만들 수 있으며, 대신에 온갖 부정하고 사악한 자들이 활개 치도록 보고만 계시는가. 심지어 그 중 신의 이름을 앞세워 팔아먹는 배신자들마저 손보지 않으시는가. 신은 없다고 생각했다. 진짜 그렇다고 생각하니 마음이 불안했다.

어느 날 곰곰이 신의 나이를 생각해보았다. 우주 빅뱅 250억 년, 지구 탄생 45억 년이라는데 그것도 실은 내일도 모르는 인간들의 추측일 뿐, 어찌 감히 신의 나이를 생각한단 말인가. 신의 잔기침 한 번에 1억 년, 눈 깜박임 한 번에 1억 년, 지팡이 크게 한 번 휘두르시면 10억 년인데 이제 겨우 1만 년 남짓한 호모 사피엔스의 역사로 감히 신을 부정하려 들다니. 신의 무한장대를 백 년 사는 인간이 해석하려 들다니.

신의 설계는 감히 계산할 수 없다. 신의 계획은 높이와 길이가 너무 광대해 끝이 없는 무한우주다. 하늘의 그물은 넓으나 성기어서 결코 새거나 놓치는 법이 없다. (天網恢恢 疏而不失. 천망회회 소이부실. 노자 『도덕경』). 하늘에 죄를 지으면 빌 곳이 없다. (得罪於天 無所禱也, 득죄어천 무소도야, 『논어』 팔일 편). 그러나 적선지가 필유여경(積善之家 必有餘慶), 착한 일을 쌓으면 신께서 오랜 시간이 지나도 언젠가는 반드시 되돌려주신다. (『주역』 문언전 곤괘).

그러므로 다시, 남 해코지 않고 겸손하게 살면 신께서 적당히 보호해주시고, 되돌려주실 것이라는 신뢰와 희망을 버리지 않기로 다짐한다. 사막의 거대한 모래언덕은 언제든 폭풍에 쓸려 바위를 드러내고, 파도는 결국 절벽을 깎아내리라 믿는다. 신의 정의는 시간싸움일 뿐임을 믿는다. 그러니까! 나는 시간이 걸릴 뿐 언젠가는 세계 독자들의 사랑을 듬뿍 받는 작가가 꼭 되리라 믿으며 오늘도 열심히 글을 쓴다.

"신이 공평한 것은
누구든 미래를 알 수 없게 해둔 것이다.
신은 한쪽 문을 닫으면
반드시 다른 한쪽 문을 열어두신다."

"하늘의 그물은 넓으나 성기어서 결코 새거나 놓치는 법이 없다. (天網恢恢 疏 而不失, 천망회회 소이부실)."

-노자 『도덕경』-

"하늘에 죄를 지으면 빌 곳이 없다. (得罪於天 無所禱也, 득죄어천 무소도야)."

-『논어』 팔일 편-

"선한 일을 반복하면 신께서 오랜 시간이 지나도 언젠가는 반드시 되돌려주 신다. (積善之家 必有餘慶, 적선지가 필유여경)."

-『주역』 문언전 곤괘-

"희망이란 본래 있다고 할 수 없고, 없다고도 할 수 없다. 그것은 마치 땅 위 의 길과 같은 것이다. 본래 땅 위에는 길이 없었다. 걸어가는 사람이 많아지 면 그것이 곧 길이 되는 것이다"

-루쉰-

빈정 상한 카톡방 가만히 있기

고교 동창회 수도권 카톡방이 있다. 100명 남짓 모여있는데 취미나 반창회 등 친소관계로 모인 작은 카톡방이 따로 돌아가고 있을 것은 분명한데 그 중 공개적인 방이 산악회방이다. 산을 좋아하는 친구들끼리 산행약속이나 후기를 나누는 방이라 역사도 20년을 넘겼다. 매월 1회 주말에 서울 근교 산이나 지방 명산을 다니는데 한 번이라도 동창산행에 동참했던 친구라면 이 카톡방에 있게 된다. 나 역시 매달은 아니라도 가끔 동창생들과 산행을 같이 했고, 30대 초반 시작 때는 열심히 다녔기에 원년멤버급은 됐다. 그러다 개인 사정으로 바빴던 해에 동네 뒷산을 혼자 짬짬이 다니다 보니 동창회 산악회에 뜸해졌는데 거기다 코로나까지 덮쳐 산악회 방이 2년 가까이 조용했다.

아무리 그래도 이렇게 조용할 리는 없는데 싶어 하루는 산악회방에 '이 방 살아있는 거냐?' 톡을 쳤다. 아무런 응답이 없더니 산악대장 친구에게서 톡이 아닌 전화가 왔다. 그 방이 죽은 건 아닌데 코로나 때문에 뜸해졌다며 실은 산을 자주 다니는 친구들끼리 별도로 방이 하나 있다고 했다. 초대를 받아 들어

갔더니 기존 산악회방 숫자의 절반 정도 되는 친구들이 모여있었다. 원년멤버 몇을 포함해 평소 산을 자주 다니는 친구들이었다. 내가 초대된 그날도 주말 강원도 두타산에 간 친구들이 사진을 올리고 있었고, 다음에 갈 산에 대한 대화가 오가고 있었다.

'그럼 그렇지, 아새끼들 따로 놀고 있었구만' 싶은 게 살짝 빈정이 상했다. 옛날 성질 같으면 참지 못하고 배신이니 왕따니 하는 소리를 늘어놓은 후 카톡방을 당장 뛰쳐나왔을 것이 분명한데 지금은 그냥 가만히 있다. '다음에 좋은 산 걸리면 같이 가면 되지, 뭐' 싶은 것이다. 예전처럼 그걸 또 삐쳐서 카톡방 박차고 나와봐야 미안하다고 막 사과하면서 다시 초대해주는 친구가 있을 거라 기대하면 안 된다. 지금까지 그런 식으로 카톡방 박차고 나왔다가 아쉬워서 다시 초대해 달라고 뒤로 부탁한 적이 한두 번인가!

카톡방은 어쨌든 박차고 나간 사람만 손해고, 스스로 왕따를 자초하는 거다. 내 나이 대가 그런 나이 대다. 가만히 있으니 특별한 갈등도 설왕설래도 없고 언짢은 기분도 없다. 그냥 가만히 있는 것이다. 좋은 산 걸릴 때까지.

"상선약수(上善若水), 물은 흐르다 바위를 만나면 옆으로 돌아 앞으로 나아가 강을 이루어 바다에 이른다."

－노자 『도덕경』－

이 순간 나를
생각하고 있는 사람은?

~~~~~~~~~ 04

'빈정 상한 카톡방 가만히 있기'로 한 데는 다 이유가 있었다. 그로부터 4년 전쯤 동창회 카톡방이 나로 인해 소란스러운 일이 있었다. 어떤 친구가 높은 관직에 올랐고 동기들의 축하인사가 줄줄이 이어졌다. 이런 정도는 흔한 것이라 그러려니 하며 축하를 보탰다. 며칠 후 그 친구 취임식 날, 지방에서 열린 취임식에 참석한 몇몇 친구들이 현장 사진을 올릴 때마다 동기들이 한마디씩 거들면서 카톡방이 종일 부산스러웠다. 그걸 보자니 심사가 조금 불편했다. '한 번 축하했으면 됐지 아무리 그 자리가 대단한들 이렇게까지… …'

아니나 다를까, 그날 저녁 술에 취해 집에 들어오는 길에 동기회 카톡방에 욱한 독설을 올리고 말았다. '얼마 전 인생이모작을 출발한 아무개의 관광버스도 소중하고, 아무개의 설렁탕집 개업도 소중하다. 00이 높은 자리에 오른 것은 축하해 마땅하나 이렇게까지 난리법석일 필요가 있느냐. 사회모임도 아닌 동창회에서 이러면 되겠냐. 한심하다.'는 요지였지만 실제 문장은 음주 카톡인 탓에 매우 거칠었다.

당연한 수순으로 몇몇 친구들이 들고 일어났고 한동안 격렬한 말싸움이 이어졌다. 관망하던 친구들도 슬슬 양비론을 펼치거나 양쪽으로 나뉘었는데 내 편을 들어주는 친구는 한둘에 불과했다. 내가 잘못했다고 주장하는 친구들의 공개사과 요구가 거듭되자 급기야 높은 자리에 오른 친구까지 나서 '내 탓이오' 하며 진화를 시도했지만 내 편이 적은 것에 스스로 분을 못 삭여 사과 없이 카톡방을 박차고 나와버렸다.

마음이 몹시 불편했다. '내가 그때 말을 이렇게 했더라면… 저렇게 했더라면…' 생각이 머릿속을 맴돌았다. 또 어떤 친구에게 몹시 기분이 나빠 그가 계속 떠오르며 화가 났다. 이런 상태가 며칠 계속되자 참기 힘들었다. 결국 높은 공직에 오른 당사자를 포함해 그날 싸웠던 여러 친구들에게 전화를 돌렸다. 물론 그 뒤로 카톡방 여론이 어떻게 돌아가는지, 나에 대해 무슨 말들을 하는지 그것도 궁금했다. 오후 늦게 한 친구가 말했다.

"전혀 신경 쓰지 마라. 너 나가고 나서 너 이야기 하는 친구들 한 사람도 없다. 한동안 있다가 감정들 누그러지면 다시 초대할 테니 잊어버리고 네 일이나 잘 해라."

그랬다. 내가 친구들 하나하나 떠올리며 괴로워할 때 막상 그 친구들은 자기 사는 일에 바빠 내 생각 할 겨를이 없었다. 오늘 혹시 내가 과거의 어떤 일들 때문에 문득 괴로워하거나 분노해도 그 일의 당사자들은 아무도 그 일과 나를 털끝만큼도 생각하고 있지 않은데 나 혼자서 괜히 북 치고 장구 치며 나를 괴롭히는 것이다. 이것이 궁금하면 지금 당장 누구든 전화할 만한 사람에게 전화를 걸어 '지금 혹시 내 생각 중이었냐' 물어보면 간단히 알게 된다.

멀리 있으나 가까이 있으나 늘 나를 생각하고, 오매불망 걱정하는 이 세상 사람은 딱 두 사람, 어머니와 아버지로 불리는 부모님뿐이다. '외로운 산골짝 작은집에 아련히 등잔불 흐를 때 그리운 내 아들 돌아올 날 늙으신 어머니 기도해……' 이뿐이다. 지금 그 사람은 나를 어떻게 생각할까 더 이상 궁금해하거나 고민하지 않는다. 지금 그 사람은 전혀 나를 생각하고 있지 않으니까.

66

"나는 나 자신을 제외한 다른 사람들에게 아무것도 증명할 필요가 없다."

-오프라 윈프리-

"남들이 당신을 어떻게 생각할지 너무 걱정하지 말라. 그들은 당신에 대해 그렇게 많이 생각하지 않는다."

-엘레노어 루스벨트-

99

앞의 동창회 산악회 카톡방을 끝내 나오고 말았다. 카톡방을 조용히 지켜보고 있는데 어느 일요일 몇몇이 어울려 멀리 명산에 가서 찍은 사진들이 불쑥 올라왔다. 대개 그렇듯 등산 후 카톡방에 올릴 것을 미리 생각하기에 사진 또한 몹시 즐거운 모습으로 연출이 충분히 돼 있었다.

나는 그 사진 속 인물들을 보며 생각했다. 자기들끼리 텔레파시가 통해 아무 사전 협의도 없이 그 산에서 만난 것은 아닐 터, 산행을 위한 사전협의가 분주히 있었을 것이고, 사전에 짜맞춘 계획에 따라 움직였을 것이다. 그 사전협의 대상에서 나는 빠져있었던 것인데 쉽게 말해 왕따를 당하고 있는 것이다.

당장 먼 산을 쉽게 다닐 처지도 아니고, 여기 아니면 같이 산에 다닐 사람들이 없는 것도 아닌데 사전협의 대상도 아닌 존재로 굳이 그 방에 계속 있다는 것은 나의 존재가치를 너무 떨어뜨리는 짓이라는 생각이 들었다. '나에게 가장 소중한 사람인데 내가 가장 소홀히 대하는 사람은 나다. 무소의 뿔처럼 당당하게 나부터 나에게 잘 하자'고 다짐하지 않았던가! 그래서 가타부타 더 따지지 않고 조용히 카톡방을 나왔다. 빈정은 한두 번 상하는 것으로 족하다. 그 이상 상하는데도 억지로 참으면 비굴하고 병 생긴다.

다만, '먹고사니즘' 앞에 상할 빈정은 없다. 그것은 아침 출근 때 현관 신발장 안에 꼭꼭 가두어둬야 한다. 그것이 성공한 사람들이 노상 사는 겸손의 방식임은 의심의 여지가 없다.

> "나에게 가장 소중한 사람인데
> 내가 가장 소홀히 대하는 사람은 나다.
> 무소의 뿔처럼 당당하게 나부터 나에게 잘 하자."

페북 싸움 화해하기

SNS(페이스북)에서 교류하는 사람은 세 부류인데 오프라인에서도 알던 사이, 온라인에서 먼저 알게 돼 오프라인에서도 만난 사이, 온라인으로만 아는 사이가 있다. 서평을 주기적으로 쓰니 페북에 정치, 시사, 문화 등 여러 분야에 의견을 밝히는 게시글을 자주 올리고, 활발히 참여하는 편인데 그러다 보면 의견이 서로 달라 댓글로 말다툼을 벌이는 경우가 종종 있다. SNS에서 모르는 사람 간 교류야 워낙 깊이가 없으니 말다툼이 한두 번 반복되면 가볍게 '친구 끊기'를 해버리면 그만이다. 심지어 단 한 번 말다툼에 끊어버리기도 한다. 온라인 인간관계란 정말 가볍다.

문제는 오프라인에서도 알고 지내는 사람인 경우다. 온라인에서 안 후 한두 번 오프라인에서 본 사이라면 그 사람과 향후 관계를 고려해 친구 끊기를 고민하는데 대개는 나중에 어떤 입장으로 다시 만나게 될지 모르니 끊는 대신 가급적 말을 섞지 않는 것으로 해결한다. 원래 인간은 이기적 유전자를 타고 나니까.

오래 묵은 친구가 좋은 것은 페북이든 오프라인이든 마찬가지다. 어지간히 싸우고, 죽일 듯이 싸워도 또 언제 그랬냐는 식으로 그냥저냥 지내게 된다. 좀 애매한 것이 오래된 사이도 아니고, 근래에 알게 된 것도 아니고, 자주 보는 사이도 아니지만 가끔은 꼭 보게 될 인연으로 엮인 사람, 가령 동창회나 동호회, 전 직장 동료 등이다. 이 사람은 싸우면 그대로 싸운 것이 되고 말아 불편하기 그지없다.

얼마 전에도 그런 사람과 페북에서 말다툼이 있었는데 가벼운 것이 아니고 정치적 입장까지 더해 좀 크게 싸웠다. 이런 싸움은 특히 '그런 천하 나쁜 놈을 좋다고 하다니 도저히 용납이 안 된다'는 그런 오기가 오래 남는다. 싸우고 난 뒤로 며칠 씩씩거리며 '저놈을 페친 끊어, 말어' 고민한다. 이제 끊으면 그 사람과 관계도 단절인데 아예 처음부터 몰랐던 사이보다 더 불편한 사이가 되는데다, 이렇게 홧김에 친구 끊었다가 낭패를 본 경험도 많은지라 이제는 쉬 끊지 않게 됐다. 사람 일이란 언제 누가 누구에게 재산이 되고, 도움이 될지 진짜 알 수 없더란 것이다. 그리고 그런 경우 꼭 대면해야 할 일이 또 생기더란 것이다.

한참 동안 그 사람과 말을 섞지 않고 그의 게시글을 일부러 회피하는 중에 다른 사람 담벼락에서 그가 눈에 띄면 그 역시 나에 대해 같은 생각을 하고 있다는 느낌이 들었다. '저 사람도 나 때문에 마음이 불편하구나' 싶은 것이다. 그러다 엊그제 그 사람이 게시글을 올렸는데 내용이 좋았다. 나는 무슨 일 있없냐는 식으로 슬쩍 '좋아요'를 누르고, 글이 아주 좋다는 댓글을 달았다. 내 댓글에 재빨리 답글을 달면서 좋아하는 그 사람 표정이 훤히 보였다. 이제 페북에서 그를 봐도 마음이 편하고, '혹시 나중에 어떤 모임에서 그 사람과 마주치면 어떻게 하나' 걱정을 이제 안 해도 된다.

> "생각대로 살지 않으면 사는 대로 생각하게 된다."
>
> -폴 발레리-

남과 비교하지 않기

_____ 07

　사람의 미래는 정말 알 수 없다. 서울 지하철 2호선 서울대입구역에서 내려 관악산을 오르려면 관악구청 앞을 지나야 한다. 세련된 디자인으로 지어진 유리건물이다. 그곳을 지나다니면서 민간인인 내게 그 건물이 직장이 될 것이라고는 생각 자체를 할 수 없었다.

　대기업에서 기자 관리하고, 보도 자료 쓰고, 광고 만들어 집행하는 홍보실에 있다가 독립해 홍보대행사를 운영하던 중 미국발 금융위기가 터져 회사 문을 닫았는데 다행히 글 쓰는 재주와 마케팅 감각을 키워놓은 덕분에 운 좋게 어공(어쩌다 공무원. 정규직 공무원은 늘공. 늘 공무원)이 됐는데 와중에 관악구청에서도 일을 하게 된 것이다. 진짜 사람 앞일은 예단하거나 속단할 것이 못 된다.

　관악구청 근무조건은 다 좋았는데 딱 한 가지가 불편했다. 치명적인 불편이었다. 내가 졸업한 고등학교와 대학교 6년 후배가 나보다 중요한 지위에 있는 것이었다. 아, '중요한'은 빼는 게 좋겠다. 공무원은 누구든 그가 맡은 일은 중요하니까. 암담했다. 얼마 못 가 그만두지 싶었다. 그러다 그 후배와 격의 없는 긴 대화를 하게 됐고, 그가 살아온 이력을 듣게 됐다.

생각을 바꿔먹었다. 나는 내 인생을 열심히 살고 있고, 그는 그의 인생을 열심히 살고 있을 뿐이다. 그는 그의 길을 가고, 나는 내 길을 가면 된다. 각자 맡은 일 열심히 하는 거지 학교 후배란 것이 무슨 의미가 있는가? 대통령 선배들은 모두 관 짜서 들어가야 하는가? 생각을 바꾸니 내 입장이 오히려 편해졌고, '높은 후배님'과도 사이좋게 잘 지낸다. 더욱이 시간이 흐르자 후배가 맡은 직책은 나보고 하라고 해도 역량이 부족해 못 할 일임을 깨닫기까지 했다.

재산, 직장, 생김새, 배우자 등을 많고, 적고, 잘 나고, 못 나고 등 인간의 힘으로는 맘대로 안 되는 기준과 일을 놓고 남과 나를 자꾸 비교하면 그 인생은 절대 행복할 수 없다. 남 재산 의식해 돈만 좇아 만 원만 더, 만 원만 더 하다가는 과로로 죽는다. 나를 긍정적으로 인정하고, 인간의 힘으로 맘대로 할 수 없는 일이라면 적응하고, 그래도 뭔가 부족해 아쉬우면 원인을 밖에서 찾지 말고 나로부터 찾아 개선하려고 노력하는 것만이 답이다.

"변화에서 가장 힘든 것은 새로운 것을 생각해내는 것이 아니라 이전에 가지고 있던 틀에서 벗어나는 것이다."

-존 메이너드 케인스-

발은 땅에
눈은 별에

~~~~~~~~~~ 08

'두 발을 땅에 딛고 하늘의 별을 보라'는 말은 철학이 깊은 좌우명인데 아부지께서는 그냥 알기 쉽게 '적게 먹고 가는 똥 싸라'는 금과옥조(?)를 내게 남기셨다. 구청 계약직 면접을 볼 때 면접관이 '최 선생님 나이나 스펙으로 보면 응모하신 급수가 너무 낮은데 괜찮겠습니까?'라고 우려(?)하는 질문을 했다. 충분히 예상했던 질문이었고 채용공고를 보고 서류를 내려고 했을 때 이미 판단이 끝난 문제였다.

"지금 제 나이가 사기업이라면 명퇴 압박도 받을 나이입니다. 받게 될 급여를 보니까 풍족하진 않더라도 가족 부양하는데 부족함이 없고, 제가 잘 하면 임기도 넉넉하고, 맡게 될 일도 관심분야라 재미있을 것 같습니다. 저로서는 감지덕지입니다."

솔직하게 대답했고, 그것이 실제 마음이었다. 3년 넘게 다니다 보니 그때 판단이 옳았다는 것을 실감했고, 일도 재미있어 대만족이었다. 후에 돌아가는 상황을 보니 그때 직급 낮다고 다른 기회를 찾았다면 아마 보장되지 않은 구직이 어떻게 됐을지 모르겠고, 비례해 가족부양을 위한 경제적 스트레스도 적지 않게 받았을 것임이 분명했다.

불투명한 미래의 큰 떡을 먹자고 지금 눈앞에 있는 작은 떡을 포기하고 배를 곯기보다는 일단 작은 떡을 먹으며 여력이 닿아 큰 떡을 먹을 수 있으면 먹고, 못 먹으면 그만이라는 소신으로 살았다. 돌다리도 두드린 후 건넜다. 돈도 벌어서 쓰고 남으면 은행에 저축했지 주식처럼 위험한 투자는 하지 않았다. 그랬더니 부동산이나 주식으로 부자가 되지는 못했지만 빚을 지고 어렵게 사는 일도 없이 고만고만하게 살아간다. 자고로 적게 먹고 가는 똥 싸야 인생이 편하다. 크게 먹고 굵은 똥 싸려다 자칫 사고 터지기 십상이다. 과유불급(過猶不及), 지나치면 부족한 것만 못하다.

"두 발을 땅에 딛고, 하늘의 별을 보라"

"과유불급(過猶不及) 지나치면 부족한 것만 못하다."
　　　　　　　　　　　　　　　　　　　-『논어』 선진 편-

작심하지 않기

초, 중, 고 때 방학이 시작되면 가장 먼저 했던 일이 '방학생활계획표'를 짜는 것이었다. 동그라미 시간표에 '아침 6시 기상'부터 '밤 11시 취침'까지 시간 단위로 계획을 적어 나갈 때는 보람찬 방학생활을 그리며 마음도 한껏 들떴다. 그러나 내가 단 한 번이라도 그 계획표대로 실천했더라면 벌써 나라를 세워도 몇 번은 세웠을 것이다.

술을 줄이자, 담배를 끊자, 아침형 인간이 되자, 운동을 하자, 소식을 하자, 채식을 하자, 100대 명산을 순례하자, 캠핑을 꼭 가자… 수도 없는 '하자'를 다짐했지만 어김없이 '작심삼일'도 못 갔다. 그런 일이 반복되니 '작심피로감'이 찾아왔다. 가령 주말에 설악산 등산을 가자했는데 어영부영 이부자리에서 뒹굴다 안 간 날, 애써 갔던 친구들이 멋진 공룡능선 사진을 카톡방에 올리면 부러워 스트레스, 다짐을 못 지킨 것에 스트레스, 나는 왜 이리 사나 스트레스.

그래서 찾은 해법이 '작심파괴'다. '계획하지 말자. 어차피 계획대로 안 되는 것이 인생이다. 마음이 몸을 이끌려 하지 말고, 몸이 가는 대로 마음이 따라가자. 그냥 편히 살자.'고 작심을 굳게 했다. 희한하게도 이 작심은 지키기가 무척 쉬웠고 마음이 편해졌다. 오말육초(五末六初), 건강이 가장 신경 쓰이니 운동이 늘 스트레스였다. 새벽에 일어나 걷자고 다짐만 반복하니 그것 역시 또 스트레스. 이중으로 스트레스 받으니 아예 운동 다짐을 포기해 버렸다.

　출퇴근에 지하철역까지 걷는 시간이 총합 60분이니 하루 걷기 8천 보, 일요일이면 느긋하게 일어나 어슬렁어슬렁 동네 뒷산 가서 오르는 듯, 노는 듯 서너 시간 보내니 운동 기본은 한다고 열심히 나를 세뇌시킨다. 어쩌다 멀리 높은 산을 가더라도 기를 쓰고 정상을 밟으려 하지 않는다. 오르다 힘에 부치거나 경치 좋은 곳이 있으면 그쯤에서 도시락 먹고 숨멍 하늘멍 하다 하산한다. 이제 산과 친하게 지낼 나이지 산과 싸울 나이가 아님을 작심했기 때문인데, 산에 가면 그게 더 좋다. 그래서 산도 혼자 다닌다. 일행이 생기면 내 맘 가는 대로 못 가니까.

　당최 삶이란 계획대로 안 되니 계획하지 않는, 그 위대한 지혜를 얻은 나이, 지도를 보지 않고 그냥 발이 가는 대로 따라가는 것이 편안한 나이, 마음이 아니라 몸이 가는 곳이 내 길인 오말육초가 나는 좋다.

"인생 오십, 선 감도 떨어지고 익은 감도 떨어진다.
마음이 아니라 몸이 가는 길이 내 길이다."

"주여, 제가 바꿀 수 없는 것은 평온하게 받아들이는 은혜와 바꿔야 할 것을
바꿀 수 있는 용기, 그리고 이 둘을 분별할 수 있는 지혜를 허락하소서."

-나인홀트 니버-

물처럼 소처럼 살기

10

"상선약수(上善若水), 물은 흐르다 바위를 만나면 옆으로 돌아 앞으로 나아가 강을
이루어 바다에 이른다."

-노자 『도덕경』-

　50세 즈음부터 명함에 새겨 다니는 두 문장 중 첫째 문장이다. 상선약수(上
善若水)에는 '가장 낮은 곳에서 이루는 물이 최고 선'이라는 노자의 지혜가 담
겼다. 밥벌이와 승진, 성공한 비즈니스맨을 지향하며 거칠게 살았던 30-40대
를 지나 50대에 접어들자 상선약수를 좌우명 삼아 물처럼 살자며 상선약수를
명함에 새겨 다녔다. 쉬운 일은 아니었지만 세상을, 사람을 좀 더 부드럽게 보
려고 노력했다. 정말 쉽지 않아 지금도 늘 부족함이 드러난다.

　그러다 우생마사(牛生馬死)를 보았다. 홍수가 나 세상이 물에 휩쓸리면 말
은 제 힘을 믿어 물과 싸우다 제풀에 지쳐 죽지만 소는 물에다 몸을 맡김으
로써 산다는 뜻이다. 삶의 지혜를 위해 사람이 그냥 지어낸 말로 생각했는데

이겨놓고 싸우는 88개 삶의 자세와 가치 **35**

2019년 남도를 강타했던 폭우로 홍수가 났을 때 실제 소가 그렇게 떠내려가다 사는 것을 보았다. 소가 사는 길이 상선약수였다.

마침내 홍수에 소처럼 굴어 살아난 사람도 보았다. 페이스북 친구 도서출판 궁편책(『임지호의 밥 땅으로부터』 2020) 김주원 대표는 경상도 산골에서 태어나 자랐다. 초등학생이던 어느 여름 또래 아이들과 동네 개천에서 수영을 하고 놀다 상류 방죽이 터져 급히 불어난 물에서 미쳐 빠져 나오지 못해 떠내려가기 시작했다. 개천가로 헤엄쳐 나가려 몇 번 용을 쓰다 힘이 빠지자 그냥 물에다 몸을 맡기고 떠내려가는 쪽을 선택했다. 죽은 듯 떠가며 숨만 뻐끔뻐끔 쉬었는데 옆 마을 지나고 또 그 옆 마을을 지날 때쯤 발이 땅에 닿는가 싶더니 뒤를 쫓아 달려오신 작은 할아버지께서 건져내 살았던 경험을 털어놓았다.

그러니까! 몸에서 힘을 빼야 한다. 나이 육십 근방에 이르러 여전히 몸에 힘이 잔뜩 들어있는 사람의 인생이란 얼마나 피곤하겠는가 말이다.

"자전거가 한쪽으로 기울면
몸도 같은 쪽으로 기울여야 넘어지지 않는다.
자전거의 숙명은 행여 넘어졌을 때 일어나 다시 달리는 것이다."

"우생마사(牛生馬死),
홍수가 나면 소는 물에 몸을 맡겨 살고,
말은 물과 싸우다 제풀에 지쳐 죽는다."

친구가 괘씸하면
유머로 대응해보기

~~~~~~~~~~ 11

친구들이 모여 있는 카톡방이 있다. 코로나19 바이러스로 모두 힘들지만 유독 어려움을 겪는 자영업자 두 친구에게 말로나마 힘내라 격려했다. 한 친구는 식당, 한 친구는 당구장이 생업이었다. 그냥 말로만 하기가 미안해 다음 날 냉커피 모바일 쿠폰을 둘에게 보냈다. 받자마자 식당 친구는 '고맙다. 네 덕분에 힘이 난다'는 답을 했는데 당구장 친구는 메시지를 읽고도 묵묵부답이었다. 하루가 지나도 여전했다. 그럴 친구가 아닌데 의아했다. 비록 커피 한 잔이지만 받으면 고맙다 말은 하는 것이 인지상정인데 조금 괘씸한 마음도 들어 살짝 따져보기로 했다.

'커피를 받았으면 고맙다 말은 해야지 뭐가 그래?' 식으로 그를 추궁하는 직설 대신 "자네 취향에 맞는 봉다리 커피로 다시 보내줄까? ㅋㅋㅋ"라 문자를 보냈다. 그때서야 친구는 "커피 잘 받았는데 너무 정신이 없어서 답장 깜박했다. 잘 마실게."라는 답을 보내왔다. 곧바로 꽁했던 마음이 풀렸다. 화를 내거나 섭섭해 하지 않고 가벼운 유머로 대처한 게 참 잘했다는 생각이 들었다. 봉다리 커피는 아재들이 좋아하는, 달달한 믹스 커피다. 세상사 늘 좀 지켜보고, 기다려보고 판단하는 게 좋더라 그 말이다.

의회에 지각한 처칠 수상을 야당의원이 질책하자 다음과 같이 대응해 분위기를 부드럽게 했다고 한다.
"아내가 예쁘니 침대에서 일찍 못 일어납니다. 앞으로 의회에 오는 날은 각방을 쓰겠습니다."

바람맞은
주말 출판기념회

~~~~~~~~ **12**

　서평을 쓰다 보니 출판기념회 초대를 가끔 받는다. 사회 인연으로 만나 좋은 관계를 유지하고 있는 지인이 문자메시지를 보내왔다. 코로나19로 인해 최근 출간한 책 출판기념회를 못하던 차에 주변 사람끼리 조촐한 행사를 하니 와달라는 것이었다. 장소는 대중교통으로 한 시간 반 걸리는 서울 시내였고, 시간은 토요일 오후였다. 코로나19 때문에라도 외출을 자제하는 편이었지만 저자 응원차 길을 나섰다.

　현장에 도착하니 아무도 없었다. 식당 주인이 '모임이 취소됐다'는 말을 전했다. 많이 황당했지만 저자에게 별 말은 하지 않았다. 대신 페이스북 댓글을 이용해 넌지시 그날 헛걸음 쳤음을 알렸다. 사정을 듣고 보니 내가 그의 초대 문자메시지에 답변을 간다, 안 간다 명확하게 하지 않은 것이 취소 연락을 못 받은 원인이었다. 내 잘못이 먼저였는데 말을 않고 혼자 꽁했거나 다짜고짜 화부터 냈더라면 그와 관계가 아무래도 조금 서먹해졌을 것인데 그러지 않은 것이 참 다행이었다.

"시위를 떠난 화살과
한 번 내뱉은 말은 되돌릴 수 없다.
생각 없이 한 말로 곤경에 빠지면
잃는 것은 있어도 얻는 것은 없다."

농담을 다큐로 받는 친구
유머로 대하기

13

　대학 선후배들이 모여 있는 카톡방이 있다. 어떤 친구가 올린 글에 누가 봐도 농담인 말을 했는데 그 친구가 버럭 화를 냈다. '농담 한 것을 가지고 이렇게 망신을 주다니! 이 친구가 나를 졸로 아네?' 싶어 기분이 팍 상했다. 카톡방 분위기도 싸늘해졌다. '농담을 가지고 화를 내면 어떻게 하냐?'고 곧바로 따지려다가 한 타임 참은 후 일부러 부드러운 문체와 이모티콘으로 "농담을 다큐로 받아들이시니 살짝 황당헙니다요 ^^,,"라 답글을 올렸다. 그러자 그 친구가 따로 카톡 메시지를 보냈다. 내 글을 잘못 읽어 순간 민감하게 반응한 것 같다며 미안하다고 했다. 잘못 읽도록 쓴 내가 문제라며 우리는 웃었고, 그 친구가 단체 카톡방에 '농담에 화를 내서 미안하다'고 글을 올렸다. 다른 멤버들이 일제히 '거…싸우지 말고 삽시다 ㅎㅎ', '날씨가 더우니 쟈들이 미쳤구만ㅋㅋ' 등등 댓글을 연달아 올리며 카톡방에 다시 활기가 돌았다.

"내가 얼굴이 두 개라면 하필 이 얼굴을 가지고 나타났겠소?"
 - '두 얼굴을 가진 위선자'라고 비난하는 의원을 유머로 제압해버린 링컨 대통령-

배려는 전염된다 1

페이스북 친구 중 정철승 변호사가 있다. 정 변호사가 어느 날 지인 모친상 조문차 대학병원 장례식장에 가 다른 빈소 앞을 지나다 열 살 정도 돼 보이는 소녀의 영정사진을 보았다. 해맑게 웃고 있는 스냅사진이었다. 아이 부모의 가슴이 얼마나 찢어질까 생각하니 그의 마음이 몹시 아팠다. 지인 문상을 마치고 나오다 '혹시 그 아이의 빈소가 너무 쓸쓸할까 싶어 문상을 하려고 갔더니 조문객들이 많아 마음속으로 아이의 명복을 빌며 그냥 왔다'고 했다.

그 말을 듣는 순간 나 역시 아이 부모의 말 할 수 없는 슬픔에는 공감했지만 알지도 못하는 그 부모를 문상하며 위로할 생각까지는 못했을 것 같았다. 정 변호사의 평소 공적 활동이 공동체를 남보다 한 꺼풀 더 깊이 배려하는 행동력에서 나옴을 그때 깨달았다. 혹시 앞으로 비슷한 상황을 접하게 된다면 정 변호사 말이 떠오르며 내 행동도 조금 더 실천적으로 변할 것 같다.

'삼 밭에 쑥대'라고 반듯이 자라는 삼 주변에는 마구 휘어져 자라는 쑥도 반듯이 자라는 것처럼 배울 게 많은 사람과 가까이 지내서 나쁠 게 없다. 정 변호사는 가난한 고시생일 때 지금의 아내를 만났는데 어떤 식당에 돼지껍데기가 값이 싸길래 돼지고기의 일부인 줄 알고 호기롭게 자기가 사겠다며 들어갔는데 막상 실체를 접하니 도저히 먹을 수가 없었다고 한다. 그래도 맛있다며 열심히 먹는 그녀를 보고 결혼을 결심했다고 털어놓은 적이 있다. 남의 처지를 이해하는 마음, 배려심은 전염된다.

"우리는 기회가 있을 때마다 사랑을 선택할 수 있다. 미소, 악수, 격려의 말, 친절한 인사, 도움의 손길, 이 모든 것이 사랑을 향해 내딛는 작은 발걸음이다."

―헨리 나우웬―

이청득심(以聽得心),
아내랑 덜 싸우고 살기

<hr>

15

세상에 주관과 고집 없는 사람은 없다. 주관은 자신의 삶을 대하는 고유 방식이고, 고집은 그 방식을 유지하는 힘이다. 님이란 글자에 점 하나만 찍으면 남인 사람끼리 만나 가족이란 공동체의 삶을 운영하는 일이란 주관 대 주관, 고집 대 고집이 끊임없이 충돌하고, 타협하는 과정의 연속이다. TV 인생극장에 나와 '부부싸움 없이 살아왔다'고 자랑하는 노부부의 말은 새빨간 거짓말이거나 둘 중 한 사람이 주관과 고집이 없는, 낙지나 문어처럼 연체동물일 거다.

성깔 만만치 않은 최 씨 남자와 박 씨 여자가 결혼해 아이 둘을 낳고 키우면서 무던히도 싸웠다. 원인제공이야 최 씨가 주로 했던 것인데 술을 싫어하는 박 양이 술을 좋아하는 최 군을 만났으니 더 말해 무엇하겠는가. 그렇게 싸웠던 둘이 육십을 낼모레 바라보면서 눈에 띄게 싸움이 줄었다. 그마저 싸워도 가벼운 설전으로 끝내고 만다. 싸움이 줄어드니 살아가는 일이 덜 피곤해서 좋다. 뭐가 둘을 이리 변하게 했지?

일단 싸울 힘이 없다. 그렇잖아도 피곤한 인생인데 싸워서 더 피곤해지기 싫은 거다. 수없이 싸워봤지만 싸워서 나오는 해결책이 더 현명한 것도 아니었다. 삼십 년 넘게 서로 깎고 깎이다 보니 네모 반듯했던 돌들이 둥글둥글해져서 서로 부딪쳐도 부드럽게 미끄러지는 것이다.

비결은 이청득심(以聽得心)에 숨어있었다. 말을 들어주는 것이 마음을 얻는 길이었다. 그제 하고, 어제 한 말 또 해도 전혀 처음 듣는 것처럼 맞장구치며 들어준다. 듣다 보면 신경질 모락모락 나는 말도 허허 웃으며 들어준다. 화난 일이라면 마구 화를 내주고, 슬픈 일이라면 더 슬퍼해주고, 기쁜 일이라면 박장대소하며 데굴데굴 굴러주는 것이다. 뭔가 지적하면 부딪치는 대신 '아, 네 네, 시정허겠습니다'라 대답해버리는 것이다. 이렇게 하니까 눈에 띄게 덜 싸우며 살게 되더란 말씀이다. 살펴보면 돈이 들거나 어려울 것이 없다. 말을 끝까지 들어주는 사람이 단 한 명만 있어도 세상은 살아진다.

"이청득심(以聽得心), 귀 기울여 들음으로써
사람의 마음을 얻는다."

"말을 끝까지 들어주는 사람이 단 한 명만 있어도
세상은 살아진다."

"배운 게 없다고 탓하지 마라. 나는 내 이름도 쓸 줄 몰랐지만 남의 말에 귀 기울이며 현명해지는 법을 배웠다."

-징기스칸-

내가 야매인 까닭은

~~~~~~~ 16

페이스북 필명을 '밤에 피는 매화, 야매(夜梅)'로 자청한 지 오래다. 페친들도 '야매 선생, 야매 작가'로 부르는 데 익숙하다. 야매는 '암거래, 뒷거래' 뜻인 일본어 '야미'가 원어로 좋은 뜻이 아니기에 '밤에 피는 매화'로 달리해 이중으로 쓰기 시작했다. 이렇게 했던 것은 어떤 시인이 자신의 시를 '야매시'라며 겸손해하는 것을 본 후였다. 나 역시 가끔 시를 페이스북에 올리고 싶은데 스스로 '야매'임을 자청해야 좀 부족해도 페친들이 이해해 줄 것 같았다.

시만 그런 게 아니라 에세이나 심지어 풍자소설도 문학을 제대로 공부했거나 미치도록 빠져본 적 없이 그저 글쓰기를 즐기다 우발적으로 발생한 일이라 차라리 '야매 작가'로 불리는 것이 속 편했다. 좀 부족하거나 실수가 있어도 '전 야매에요!' 하면 용인이 됐고, 페친들도 '야매니까!' 하며 웃어넘겼다. 페이스북 글쓰기에 부담이 덜해 자기검열이 약화되니 편해서 좋았다.

그러던 어느 날 데이터정경연구원 최광웅 원장이 '당신 글은 야매가 아니라

정품(正品)이야. 정품 선생!' 하길래 '그래?' 하면서 야매 대신 '정품'으로 바꿔 봤는데 페친들 반응이 별로였고, 나 스스로도 썩 내키는 마음이 일지 않아 다시 야매로 돌아갔다. 페친들도 반겼다. 비록 야매를 자칭할지언정 마음까지 그런 것은 절대 아니다. 페북에서는 '노뷜 문학상을 타겠다'고 농담을 하지만 속마음은 진짜로 '노벨 문학상'을 타고 싶은 것이다.

굳이 따지자면 '밤에 피는 매화'가 어느 날 뚝딱 내게 온 것이 아니라 '발칸의 장미'가 먼저 있었다. 발칸 반도, 불가리아의 장미는 동 트기 전 가장 춥고 어두운 새벽에 가장 진한 향기를 내뿜는다. 견디기 힘든 고통과 슬픔을 이겨내면 정신은 오히려 한층 높은 사람으로 성숙하는 것도 자연의 이치가 저렇기 때문이다.

고진감래(苦盡甘來), 인내 끝에 성취하는 삶을 지향하고자 인터넷 초창기, 청년 때 나의 닉네임은 주로 '발칸로제 (Valcan Rose)'였다. 당시 대학로에는 같은 이름의 작고 예쁜 카페가 있었고, 나와 컴퓨터 채팅을 즐겼던 D조선 여사원 닉네임은 '너의 쇄골뼈'였다. Valcan Rose는 그 후 '한국의 장미'를 뜻하는 K-Rose로 변용해 여러 개인적 용도로 요긴하게 쓰고 있다. 이제 손자도 봤을 나이인데 어디에서 평범하고 건전한 시민으로 잘 살고 있는지, 그리운 너의 쇄골뼈!

{나만 별호가 그런 것이 아니라 막걸리와 책을 좋아해 '주책(酒冊)'을 자청

하는 친구도 있고, 요리를 즐기는 남자 '뷤덱(부엌데기) 조영학 선생'도 있다. 세상을 재미있게 보고, 만족스럽게 사는 데는 일단 자기 마음이 크다. 덤으로 2016년 '제13회 부천 신인 문학상'에 '미친 척' 맨땅에 헤딩했다가 낙선한 시 '장미'를 글 끝에 남긴다.}

장미

아는가
장미의 줄기에 붙은 가시가
아래쪽을 향해 곤두선 것을
태초에는 땅도 하늘도 보기에 좋았다지만
숱한 인간들이 땅에 내려와
바닥마다 바닥마다 발자국을 찍으면서
장미는
날마다 그 목이 꺾였던 것
그 불온
그 음습
그 사악
그 탐욕

꺾이다 못해

장미는

땅을 향해 스스로 무장했던 것을

끝까지 보라

도서관 담벼락의 장미를

경전과 담 쌓은 장미가 안으로 안으로 쌓은 순결을

꽃잎 붉게 적시어 하늘로 관통하는 것을

"

"꿈을 향해 당당하게 걸어가면 어느 순간 그 꿈은 생활이 된다."

-헨리 데이빗 소로우-

"精金百鍊出紅爐 梅經寒苦發淸香 人逢艱難顯氣節 (정금백련출홍로 매경한
고발청향 인봉간난현기절) 좋은 쇠는 용광로에서 백 번 단련돼야 나오고, 매화
는 추운 고통을 이겨내야 맑은 향기를 뿜고, 사람은 역경을 만나야 기운과
절개가 드러난다.

-『시경』-

"

나는 왜 구슬을
몽땅 잃었을까

~~~~~~~~~ 17

어려서 친구들과 했던 비석치기 게임이 생각난다. 비석으로 하는 게임이 여러 가지였는데 그 중 비석 맞추기 게임이 있었다. 마치 바둑의 알까기처럼 동네 너른 마당에서 서로 비석을 한 번씩 움직이며 상대방 비석을 먼저 맞추는 아이가 그 게임에 걸었던 딱지나 구슬을 따먹는 놀이였는데 승자는 늘 성격이 느긋한 아이였다. 성질 급한 아이가 먼저 공격을 시도했다가 실패하면 공격을 유도하며 도망 다니던 아이가 손쉽게 게임을 이기는 것이었다. 그때 나는 주로 성질 급한 아이여서 어느 한날 오랫동안 차곡차곡 모은 구슬을 몽땅 잃고 집에 돌아와 통곡을 했었다.

대학을 졸업하고 사회생활을 시작했던 30대 초반 이후 지금까지 걸어왔던 길을 돌아보니 성질 급하고, 공격적인 태도가 대사를 그르치는 경우가 훨씬 많음을 몸으로 체험했다. 급한 성질에 욕심까지 지나치게 부리다 패가망신하는 인생도 여럿 보았다. 어렸을 때 구슬을 몽땅 잃었던 이유를 이때 깨달았다. 실이 바늘허리에 묶여 있는데 바느질 하겠다고 덤비면 바느질이 제대로 될 리 없다. 대체로 급할수록 돌아가는 지혜, 어려울수록 차분하게 바늘구멍에 실을 꿰는 현실 자각이 삶을 무난하게 이끌었다.

살아보니 급하다고 서두르다 똥 밟기 십상인 것이 인생임을 알겠더라.

"우보천리 마보십리(牛步千里 馬步十里),
뚜벅뚜벅 걷는 소는 천리 가고,
급히 내달리는 말은 십리 간다."

주식 하는 사람
가까이 두지 않기

인생이 편하려면 주식 하는 사람이 가까이에 없어야 한다. 그 사람이 옆에서 자꾸 오늘 백만 원 땄네, 이백만 원 땄네 자랑하면 주식에 관심이 일체 없었던 사람도 마음이 흔들린다. 그가 베짱이처럼 놀면서 돈만 잘 번다니 부러운 것이다. 저금을 조금 찾아 연습 삼아 주식을 시작했는데 웬걸? 주가가 오르면서 돈을 좀 따게 된다. 이거였네! 손뼉을 치며 투자금을 늘렸는데 사자마자 주가가 빠지더니 오를 생각을 안 한다. 손해를 볼 수 없어 가지고 버티는데 남들 주식은 막 또 오른다고 난리다. 안 되겠다 싶어 손해를 감수하고 다른 주식으로 갈아탄다. 이전 주식에서 손해 본 돈까지 원금만 회수하면 주식을 그만 둘 생각에 투자금도 더 늘린다. 새로 산 주식 가격이 오르락내리락 애를 태우더니 또 물리고 만다. 한두 번 사고팔았을 뿐인데 그새 일이 년이 훌쩍 갔다.

이때가 주식 그만 두고 빠져나올 때다. 얼마간 손해를 봤더라도 인생 수업료라고 생각해야 한다. 그러나 사람 마음이 그리 쉽던가? 어떻게든 본전은 뽑고 나와야겠다고 버티다 점점 깊은 수렁으로 빠져 고생하는 사람 부지기수고, 직장에 들어가자마자 주식부터 손댔다가 몇 년 만에 여생 반 토막 나버린 사람 주변에 여럿이다.

주식을 하더라도 나만큼은 바보처럼 그렇게 빨려 들어가지 않을 거라는 믿음을 나는 버린 지 오래 됐다. 인간의 탐욕은 끝이 없다는 것을 각성했기 때문이다. 대기업을 나와 하던 사업이 어려워지면서 생활비 충당을 위해 아내 몰래 마이너스 통장에 의지하던 때가 있었다. 벌이가 정상이 돼 통장에 쌓인 빚을 조금씩 줄여나갈 때는 하루빨리 마이너스에서 벗어나 좀 여유롭게 용돈을 쓰며 살고 싶었다. 그러다 빚이 0원이 되자 비자금을 조금씩 모으는 재미가 생겼다. 처음 백만 원이 됐을 때는 이백만 원만 되면 친구들과 노는 데 넉넉할 것 같았다. 이백만 원이 되자 아무래도 오백만 원은 되어야 여유롭게 쓸 수 있을 것 같았다. 그렇게 몇 년을 모아 비자금이 천만 원이 되자(아내가 이 사실을 알면 곤란한데!) 이천만 원만 되면 좋겠다는 생각을 넘어 나중에 지방 소읍에 작은 집 필실이라도 마련하려면 사천만 원만 모으자는 욕심이 들고 있다.

사람 욕심이 이렇다. 내가 얻은 것보다 욕심이 두 배로 늘어난다. 가져보니 좋아 가질수록 더 많이 갖기를 원한다. 십억 부자는 백억 부자가, 백억 부자는 천억 부자가 부러워진다. 99원 가진 사람이 1원 가진 사람의 1원을 빼앗아 100원을 채우고 싶어하는 것이 사람이 가진 탐욕의 본질이다. 그 탐욕을 가장 쉽게 자극하는 것이 주식에 투자하는 것이라서 그런 사람이 옆에 없는 것, 그런 사람과 좀 멀리 사는 것이 인생 편하게 사는 길이다. 자고로 인생은 적게 먹고 가는 똥 싸는 것이 최고다.

주식 말이 나왔으니 말인데 개미 투자가는 결코 기관 투자가를 이길 수 없
다. 왜냐? 개미는 오늘 내일 보며 투자하는데 기관은 십 년, 이십 년 보며 투
자하기 때문이다. 주식은 기관이 개미들을 가지고 놀게 돼있다.

'신이 인류에게 보낸 선물'이었다는 과학자 뉴튼은
주식 투자 실패가 겹쳐 말년이 불운했다.
아인슈타인에게 주식 투자를 않는 이유를 묻자
"미친 군중이 어디로 튈지 모르기 때문"이라고 했다.

새가 나뭇가지에
앉는 이유는?

~~~~~~~~~~~~~ 19

상선약수(上善若水)와 함께 '나무에 앉은 새는 나뭇가지가 부러지는 것을 두려워하지 않는다. 그것은 나무를 믿어서가 아니라 자신의 날개를 믿기 때문이다. 날개는 남이 달아주는 것이 아니라 스스로 몸에서 나온다.'는 경구를 명함에 새겨 넣었다. 어디선가 이 문장을 본 순간 자석이 붙은 것처럼 나를 빨아들였다. 나를 위한 문장이었다.

하던 사업을 접고 마이너스 통장으로 생활비를 보태던 때 돈 벌 시간이 없자 놀 시간이 늘어 서평을 쓰기 시작했다. 내가 그나마 할 수 있는 실용 글쓰기였다. 일간지 문화면 통째로 서평이 실릴 때였고, 몇몇 이름 떨치는 서평가들이 꽤 대우를 받을 때였다. 물구나무를 서서라도 10년만 써보자고 다짐했다. 서평으로 이름을 얻으면 출판사에게 권력자가 될 것이라 믿었는데 그 권력은 누가 주는 것이 아니라 내가 스스로 만드는 것이기에 매력적이었다.

3년을 온 힘을 다해 썼는데 그만 시대가 바뀌어버렸다. 종이책은 가고 유튜브가 떠올랐다. 서평가의 권위도 밋밋해졌다. 계속 써야 하는지 고민하고 있을 때 저 문장을 만났다. '좁게 보면 서평이나 넓게 보면 글을 쓰는 것이다. 글쓰기를 멈추지 않으면 반드시 손바닥에 올라오는 것이 있으리라'는 희망을 만들었다. 메디치 출판사 김현종 선배는 "미래를 설계하지 말고 그냥 걸어라. 걷다 보면 세상이 만들어 놓은 당신의 길을 만날 것"이라고 거들었다.

그렇게 11년을 걷는 동안 미처 내가 생각하지 못했던 것들을 얻었다. 팔자로는 상상 못했던 도서관장이 됐다. 서평가를 넘어 작가가 됐다. 그 무엇보다 자신감을 얻었다. 나무에 앉은 새는 나뭇가지가 부러지는 것을 두려워하지 않는다. 그것은 나무를 믿어서가 아니라 자신의 날개를 믿기 때문이다. 날개는 남이 달아주는 것이 아니라 스스로 몸에서 나온다. 이것은 절대적으로 맞는 말이다.

> "나무에 앉은 새는
> 나뭇가지가 부러지는 것을 두려워하지 않는다.
> 그것은 나무를 믿어서가 아니라
> 자신의 날개를 믿기 때문이다.
> 날개는 남이 달아주는 것이 아니라
> 스스로 몸에서 나온다."

66

"당신이 할 수 있다고 믿든 할 수 없다고 믿든 당신이 믿는 대로 될 것이다."

-헨리 포드-

"미래를 설계하지 말고 그냥 걸어라. 걷다 보면 세상이 만들어 놓은 당신의 길을 만날 것이다."

-메디치 출판사 김현종 대표-

99

낮말은 새가
밤말은 쥐가 들었다

'남을 욕한 사람이 가장 먼저 죽고, 그 욕을 전달한 사람이 두 번째로 죽고, 욕을 얻어먹은 사람이 가장 오래 산다.'는 말이 있다. 이는 과학적이다. 욕이 부르는 화(禍)와 분노, 스트레스는 뇌의 독성물질 분비를 촉진해 몸을 망가뜨린다. 스트레스가 만병의 원인이란 말, 욕 먹는 사람이 오래 산다는 말이 그냥 나온 것이 아니다. 분노에 쌓인 사람이 내뿜는 날숨은 독성이 많아 꽃과 벌레를 죽인다.

욕을 줄이려면 남 말을 줄여야 한다. 남 말 중에도 흉을 보지 말아야 한다. 세상 참 희한하게도 내가 남 흉을 보면 그게 반드시 당사자 귀에 들어가더란 말이다. 이런 일들이 있었다.

지인 A가 자기 동료 중 '칼국수 맛있는 집을 찾아 가족 싣고 차로 2시간 달려가 먹고 오는 B가 있다. 이게 정상이냐?'고 했다. 나는 아무 생각 없이 그 말을 아내에게 전했다. 아내가 어떤 모임에서 음식 이야기가 나오자 '내 남편의 지인 A가 그러는데 이러저러하게 이상한 사람 B가 있다더라.'고 했다. 그러자 그 자리에 있던 아줌마 C가 '어? 그거 우리 얘긴데?' 했다. 결국 B가 A에게 '왜 우리를 안 좋게 이야기 하고 다니느냐?'고 항의 했고, A는 나에게 그런 사실을 전하기에 이르렀다.

과거 어떤 직장에 다닐 때 나와 친한 A가 나와 좀 덜 친한 B에게 나를 안 좋게 이야기를 했다. 자기들끼리만 주고받은 말로 묻히겠거니 했는데 1년 후 A와 B가 의견 충돌로 갈등이 지속되는 와중에 B가 나에게 A가 1년 전에 나에 대해 흉 봤던 말을 토씨 하나 빼지 않고 그대로 전했다. A가 내 마음에서 멀어지는 계기였다.

낮말은 새가, 밤말은 쥐가 듣는 것은 오랜 경험칙이다. 남 칭찬하는 말은 마구마구 퍼주되 남 욕하거나 흉보는 말은 입에 지퍼를 채워야 한다. 그래야 오래 산다. 특히 출세하려는 사람은 대장 흉을 함부로 보면 안 된다. 대장은 정보입수 안테나가 부하보다 백만 개는 많아 어디서 누가 무슨 말을 하는지 다 들린다. 대장으로부터 들은 말이고, 대장을 해봐서 겪은 일이다. '없는 자리에서는 임금님 흉도 본다'는 속담 믿었다가 역모죄로 경을 치른 신하가 역사 속에 넘친다.

"남을 욕한 사람이 가장 먼저 죽고,
그 욕을 전달한 사람이 두 번째로 죽고,
욕을 얻어먹은 사람이 가장 오래 산다."

방구석에 앉아
구만리장천 보기

~~~~~~ 21

이제 공부는 접을 생각이다. 이미 알고 있던 것도 새까맣게 잊어버리는 나이에 새로운 지식을 머릿속에 담는 일이 부질없다. 익혀봐야 하루 지나면 잊어버린다. 만난 지 오래된 옛 사람 이름은 십중팔구 잊은 상태다. 라트비아, 루마니아, 키르키스스탄, 파라과이가 어디에 있는지 지도를 볼 때만 알지 그냥은 모른다. 세월이 저지르는 일이라 노력해도 말짱 도루묵이다. 우리 근대사도 제대로 기억 못하는데 중국, 인도 국경 분쟁사를 새로 익혀 무엇에 써먹을 것인가.

이쯤 되면 방구석에서 책 한 권을 읽더라도 새로운 지식(知識)을 얻으려 하기보다 미처 이르지 못했던 지혜(智慧)를 깨달으려 힘쓰는 것이 맞는 이치다. 박사가 넘쳐나지만 지혜롭지 못한 자들 때문에 나라가 늘 시끄러운 것도 공부만 했지 경륜과 수양을 쌓지 않은 탓 아니겠는가. 이제 견문을 넓히려 굳이 세계를 떠돌 나이도 아니다. 칸트는 좁은 쾨니히스베르크 (지금의 칼라닌그라드)에서 평생을 살았지만 세계와 우주를 관통하는 정신을 얻었다. 기대승은 전라도 광산 변두리 동네에서 사단칠정(四端七情)을 꿰뚫었다.

　　돌아서서 숨 한 번 쉴 때마다 지식이 휩쓸려 날아간다면 몸은 방구석이라도 앉아 삼천리, 서서 구만리장천을 보는 지혜를 탐할 나이가 됐음을 알아야 한다. 인생을 어떻게 살아야 진정으로 옳게 사는 것인지 통찰(通察)할 나이가 된 것이다. 이제 공부를 접는다. 대신 눈을 감고 구만리장천을 날아다녀야겠다.

"물고기를 주면 한 끼를 먹는다. 물고기 잡는 방법을 가르쳐주면 평생을 먹는다."

-탈무드-

인연,
무소 뿔처럼 당당하게

~~~~~~~ 22

    법정스님은 '인연을 함부로 맺지 말아라. 스쳐가는 인연은 스쳐가도록 두고, 주변에 가까운 인연을 잘 가꾸도록 노력해라. 진실은 진실한 사람에게 투자할 때 가치가 있다.'는 지혜를 남기셨다. 꼭 그렇게 하려 하지 않더라도 의미 있는 관계로 가까이 지내는 사람이 주기적으로 변하는 것은 피할 수 없었다. 학교가 바뀌고, 직장이 바뀌면 죽고 못 살 것 같았던 사람들과 서서히 멀어지는 대신 새로운 인연들과 또 그렇게 지내는 것이었다.

    술과 친구는 오래될수록 좋다지만 죽마고우도 안 보며 시간이 흐르면 데면데면해지는 것이 작년에 만난 직장 동료보다 멀리 머무르게 되더라. 한 뱃속에서 나온 형제들도 내 인생, 내 가족 먼저 챙기다 보면 돌아보는 횟수가 띄엄띄엄 되더란 말이다.

    끊을 수 없는 인연인줄 알았는데 사소한 다툼으로 멀어진 사람이 있고, 굳이 내가 먼저 찾고 연락해 볼 생각이 없어 방치하다 10년, 20년 훌쩍 지난 사람도 있다. 지구상에서는 다시 보지 않을 것처럼 서로 욕하며 관계를 정리했는데 세월이 약이 돼 유야무야 다시 만나 정겨운 사이가 되기도 하고, 불미스런 일로 손해를 끼친 사람과 그럴 수 있지 생각하며 그럭저럭 지내다 보니 아직 좋은 인연으로 남아있기도 하더라.

　인연은 체계적으로 관리할 수 없다. '밤 잔 원수 없고, 날 샌 은인 없다.'고 인연은 세월이 약이다. 그저 무소 뿔처럼 당당하게 오면 오는 대로, 가면 가는 대로 시간에 맡기어 가만 두는 것이 상책이다. 인연의 굴레에 나를 가두어 스스로 괴롭히지 말고 오직 내 삶에 집중하는 것이 현명하다. 나 대신 아파 주고, 나 대신 내 인생 살아줄 사람은 세상 어디에도 없다. 지구는 오직 나를 중심으로 돌아야 하고, 나는 우주의 중심이어야 한다. 지난 인연, 다가올 인연에 너무 마음 쓰며 연연해 할 필요 없다. 그 사람 역시 그렇게 살고 있다. 사는 게 그러하다.

"나에게 가장 소중한 사람인데 내가
가장 소홀히 대하는 사람은 나다. 나에게 잘 하자."

"밤 잔 원수 없고, 날 샌 은인 없다.
인연은 세월에 맡겨두어라"
(경야무원 역일무은 經夜無怨 歷日無恩)

“————————————————————————

"다른 사람이 우리를 어떻게 생각하는 지는 결코 우리가 상관할 문제가 아니다"

-앤드류 매튜스 -

————————————————————————**”**

그 자식이 출세하더니
변한 이유는?

~~~~~~ 23

'그 자식 출세(성공)하더니 사람이 변했어!'란 말을 자주 했고, 자주 듣는다. 출세나 성공이나 거기서 거기지만 출세는 힘세고 높은 자리에 올랐을 때 주로 쓰고, 성공은 큰돈 벌었을 때 쓴다. 이 사람들이 변하는 것은 당연하다. 이런 일이 있었다.

스무 살 청춘 때 고향 친구가 서울 변두리에 건축 분야 '노가다' 가게를 조그맣게 열었다. 나는 가난한 대학생인데 친구는 어쨌든 돈을 버니 가끔 놀러 가면 그가 삼겹살과 소주를 샀다. 그는 중학교만 마치고 그쪽 분야에 뛰어든 탓에 어른도 빨리 돼 가게에 붙은 작은 방에 또래 아가씨와 동거를 하고 있었다. 밤에 술을 사다 가게에서 마실 때 한두 번 인사를 나눴는데 여자는 임신 중이었다. 사는 게, 인간 경영이 늘 그렇듯 나도 졸업하고, 취직하고, 결혼해 살면서 바쁘게 뛰다 보니 한 세월 못 보며 지나갔다.

그 사이 그 친구가 사업에 성공해 큰돈을 벌었다는 소식이 들렸다. 그리 살다 30대 중반 즈음 그 친구 사업 현장을 방문하게 됐다. 정말 큰 부자가 돼 있

이겨놓고 싸우는 88개 삶의 자세와 가치 **69**

었다. 뻔한 말들을 주고받을 때 그 친구 부인이 나타났다. 오래 전 잠깐 잠깐 본 사이라 얼굴은 낯설었어도 그 아가씨였다. 내가 반갑게 인사를 하려는데 그 친구가 "내 고향 친군데 당신은 모를 거야. 가서 일 봐." 하며 무지르자 부인은 그냥 일 보러 가버렸다.

그 일을 포함해 그날 친구와 대화는 매우 겉돌았다. 그는 돈이 많은 생활을 자랑했고, 맞벌이 월급쟁이로 정신없던 나는 삼겹살도 술도 맛이 별로 없었다. 돌아오는 길에 생각했다. 그가 왜 그랬을까? 젊어 동거할 때 나와 분명 몇 번 마주쳤고, 인사도 나눴었는데 왜 먼저 나서서 모를 거라고 무질러 버렸을까? 그 친구 표정이 답을 말해줬다. 내가 알고 있는 자신의 어려웠던 시절, 후줄근했던 과거를 굳이 대화 소재로 삼고 싶지 않았던 것이다. 떠올리기 싫었던 것이고, 잊고 싶었던 것이다. 그건 그 친구에게 '쪽팔리는' 일이었다.

그러므로 성공하고 출세한 사람은 성공하고 출세하기 전 구질구질하게 살았던 과거를 속속들이 알고 있는 당신이 그다지 반갑지가 않다. '그 자식'만 그런 것이 아니라 당신과 나를 포함해 사람이 다 그렇다. 그가 변했다고 원망할 시간에 당신이 변함을 당하기 위해 노력하기 바란다. 이상!

"사람 열 번 된다."

-속담-

소리에 놀라지 않는
사자처럼

어느 성공한 집안 100세 넘으신 어머니가 자식들에게 '닥치는 대로 살아라'는 유언을 남겼다. 그 말을 전해들은 다른 기업가가 자기 회사 사옥에 저 금언을 새긴 비석을 세워 놓았다. 인터넷 검색으로 확인할 수 있는데 말씀의 뜻이 의미심장하다. 아무렇게나 살라는 게 아니라 미래는 누구도 모르니 어떤 예상 못한 어려움이 닥쳐도 좌절하거나 피하지 말고 당당하게 맞서라는 뜻이다. 중국 마오쩌둥(모택동)의 좌우명으로 알려진 '처변불경 처변불경(處變不驚 處變不輕)'이 있다. '상황이 변하더라도 놀라거나 가벼이 행동하지 말라'는 뜻이다.

소형 트럭을 몰며 삶은 옥수수를 파는 친구가 있었다. 이른 나이에 사업에 성공, 40대 초반 골프 수준급에 서울 부자 동네에서 살던 친구였다. 사업은 늘 위기가 있듯 친구도 크게 부도를 맞아 하루아침에 전 재산을 날렸다. 주변 형제, 지인들 도움으로 겨우 수도권 도시 변두리에 좁은 셋집을 얻자 친구는 중고 트럭을 구해 옥수수를 삶기 시작했다. 평소 별명이 '옥귀신'일 만큼 옥수수를 좋아하는 친구는 자신이 처한 조건에서 가능하고, 가장 잘 할 수 있는 일이 옥수수 삶는 일이라고 했다. 친구는 아직 가르쳐야 할 자식 둘을 보자니 술에 빠져 한탄이나 할 여유도 없었다고 했다. 아내는 대형 마트 점원 일자리를 구했다. 둘이 열심히 벌면 가족들 먹고 아이들 가르치는 일은 할 수 있다고 했다. 친구는 맛이나 보라며 삶은 옥수수 하나를 건넸다. 그가 삶은 옥수수는 정말 찰지고 맛있었다.

친구에게 집에 갈 때 사들고 가라며 치킨 몇 마리 값을 옥수수 값으로 치르고 돌아왔다. 소리에 놀라지 않는 사자를 직접 본 일은 없지만 어떤 모습일지 느낌은 온다. 나는 내 친구, 삶은 옥수수 장수에게서 그토록 의연한 사자를 보았다. 벌써 15년 전 일이다. 그 사이 친구는 다시 기력을 회복해 그 도시 전통시장에서 아내와 함께 건어물 생선 가게를 운영하고 있다.

"고난 당한 것이 내게 유익이라. 이로 인하여 내가 주의 율례를 배우게 되었나이다."

-시편 119:71-

"처변불경 처변불경(處變不驚 處變不輕), 상황이 변하더라도 놀라거나 가벼이 행동하지 말라"

-마오쩌둥-

항구에 나가는 배가 있으면
들어오는 배도 있고

예전에 도서관장으로 일했던 곳 구청장은 청렴하기로 유명했다. 어떤 정책에 이해충돌로 그를 비난하는 주민들이 있다고 참모가 보고하면 그는 아무렇지도 않다는 듯 "항구에 나가는 배가 있으면 들어오는 배도 있고"라며 낮은 목소리로 한마디 할 뿐이었다. 그는 3선을 다 채우고 은퇴했다.

단테가 쓴 『신곡』의 지옥 입구 문에는 '이곳에 오는 자 희망을 버려라'고 쓰여 있다. 희망이 없는 곳이 지옥이다. 뒤집어 말하면 희망만 잃지 않으면 최소한 지옥은 아니다. 신은 열렸던 문을 닫을 때 다른 문 하나를 반드시 열어 두는데 희망을 잃지 않는 사람만 그 문을 찾을 수 있다.

사업이 어려워져 아내 몰래 만든 마이너스 통장에서 부족한 생활비를 벌충해주던 때, 남는 시간을 활용해 장기 포석으로 일간지에 서평 '최보기의 책보기'를 쓰기 시작했다. 글쓰기가 재미있어 신나게 쓰다 보니 조금씩 원고 청탁이 들어오기 시작했다. 어려운 실정에 원고료가 수입에 보탬이 되니 얼마인지

따지지 않고 무조건 썼다. 모 대학신문에서는 예산이 없다며 눈곱만큼 원고료를 줬는데 그도 마다하지 않고 썼다. 한 푼이라도 더 벌기 위해 솥단지 바닥을 박박 긁었다.

그때 쌓인 필력과 출판이 결과적으로 나를 팔자에 없던 작가와 늦은 나이에 계약직 공무원으로 밀어 올렸다. 국문과 출신도 아닌 자가 쓴 『공무원 글쓰기』가 그 분야에 소위 스테디셀러로 자리를 잡았다. 지난 30년 틈틈이 쌓은 글쓰기가 노후에 마땅한 일거리와 생계비를 마련할 도구가 돼줄 것이란 희망도 생겼다.

마음이 복잡할 때면 집에서 가까운 인천항에 간다. 항구는 나가는 배와 들어오는 배로 늘 분주하다. 사는 일 또한 그러하다. 나가는 것이 있으면 들어오는 것도 있더라. 산이 높으면 그만큼 골도 깊고, 빛이 밝으면 그림자 역시 짙더라. 인생이라는 항구는 때로 좀 더디더라도 인내하고 노력하면 들어올 것은 끝내 들어오더라. 그러하더라.

"인생에 막다른 길이란 없다. 사람들이 가지 않으면서 길이 없다고 한다."
인생이라는 기나긴 길을 갈 때 가장 쉽게 직면하는 것은 두 가지 난관이다. 그 하나는 기로에 섰을 때다. 묵자는 통곡을 하고 다시 돌아섰다고 한다. 그러나 나는 울지도 않고 돌아서지도 않을 것이다. 먼저 갈림길 머리에 앉아 조금 쉬거나 한숨 잔다. 그런 뒤 갈 수 있어 보이는 길을 택해 간다. 만일 진실한 사람을 만나게 되면 그의 먹을 것을 빼앗아 배고픔을 면할 것이다. 하지만 길을 묻진 않을 것이다. 그가 모를 것이라고 생각하기 때문이다. 호랑이를 만나면 나무에 올라가 호랑이의 허기가 사라지고 지나간 뒤에 내려올 것이다. 가지 않으면 나는 나무 위에서 굶어 죽을 것이다. 그리고 끈으로 내 몸을 나무에 묶어 시체조차도 호랑이에게 먹히지 않을 것이다. 나무가 없으면 방법이 없다. 잡아먹으라고 하는 수밖에. 하지만 호랑이를 한 번 물어도 괜찮을 것이다. 다음은 막다른 길이다. 완적 선생도 크게 울고 돌아섰다고 한다. 하지만 난 기로에 섰을 때처럼 계속 나아갈 것이다. 가시덤불 속을 한동안 걸을 것이다. 온통 가시밭이고 갈 수 있는 길이 전혀 없는 그런 곳을 만난 적이 없다. 세상에 본디 막다른 길이란 없는 것인지도 모른다. 아니면 내가 운이 좋아 만나지 못했거나.

-루쉰-

"

그물에 걸리지 않는
바람처럼

26

바람은 제 살을 찢어 그물을 통과한다. 바람은 산을 만나면 멈추거나 뒤돌아서지 않고 산허리를 돌아간다. '그물에 걸리지 않는 바람'은 상선약수(上善若水)와 같다. 물이나 바람이나 막히면 싸우는 대신 돌아서 앞으로 간다. 사람에게도 물처럼 바람처럼 완벽하게 자유로운 정신이 가능할까? 해탈한 석가모니도 제자들에게 불평불만을 늘어놓았다는데 물처럼 바람처럼 살기란 어려운 일이다.

다만, 그 물과 바람을 닮으려 노력해볼 수는 있을 것 같다. '나는 어떤 사람'이라고 미리 규정하지 않는 것이다. '절대 어길 수 없는 철칙(鐵則)'이란 없는 것이다. 경우에 따라 그때그때 원칙이란 바뀔 수 있는 것이다. 사람은 늘 변하므로 한 번 아닌 사람은 끝까지 아닐 필요가 없다. 아닌가 긴가 그때그때 판단하는 것이다. 모난 돌이 정 맞으므로 정에 맞지 않게 모를 없애는 것이다. 낭중지추(囊中之錐), 주머니 속에 숨긴 송곳은 드러나기 마련이므로 주머니에는 아예 송곳을 숨기지 않는 것이다.

처세에 능한 사람을 '기름 뱀장어'라고 흉보는데 나는 철칙에 갇힌 싸움닭보다 차라리 기름 뱀장어를 지향한다. 처세에 능한 사람이 악인이 아니면 그가 곧 그물에 걸리지 않는 바람 같은 사람이다. 네모를 만나면 네모가, 세모를 만나면 세모가, 동그라미를 만나면 동그라미가 되는 물처럼 바람처럼 유연한 사람이 세상을 더 살만하게 만든다.

유연하고 부드러운 삶은 성격이 아니라 삶을 대하는 자세와 철학에 달렸다. 기계는 고쳐 써도 사람은 고쳐 못 쓴다고? 그건 새빨간 거짓말. '우리 아이가 달라졌어요. 세상에 나쁜 개는 없다.' 프로그램에서 몰라보게 달라진 사례가 사람이든 반려동물이든 한둘이든가!

뿌리는 한 곳에 튼튼하게 내리되 몸체는 유연하게 굽혀 아무리 센 바람에도 부러지지 않는 대나무와 갈대가 진실로 강하다. 내 경험에 비춰볼 때 유연하고 부드러운 삶의 자세와 철학은 책에서 가장 효과적으로 얻을 수 있었다.

"사람은 책을 만들고, 책은 사람을 만든다."

관상인가,
기칠운삼(技七運三)인가

선조들은 인물을 평가하는 기준으로 신언서판(身言書判)을 들었다. 준수한 외모, 조리 있는 말주변, 뛰어난 필체와 문장, 올바른 판단력 정도 되겠다. 외모는 타고 나는 것이라 완전히 부모 덕인데 같은 조건이라면 키 크고 잘 생긴 사람이 호감을 끄는 것이야 인류 태생적 정서다. 언변이 뛰어나고, 판단능력이 뛰어나려면 공부가 많이 돼 있어야 한다. 서(書)는 붓 대신 키보드로 쓰는 시대라 필체는 무의미하되 문장력은 경우에 따라 조건이 되기도 한다. 성형수술이 21세기 새로운 이데올로기로 자리를 잡은 것도 인물의 첫 조건인 신(身)과 무관하지 않다. 다행히 나머지 세 조건은 개인의 노력 여하로 결정되는 데다 사회적 경쟁도 그 세 조건이 먼저라서 준수한 외모는 갖추면 좋고 아니라도 그리 치명적이지는 않다.

나는 그 첫 조건인 신에서 완전 빵점이다. 학교 다닐 때 학급에서 키 순서로 1번을 도맡았을 만큼 남다르게 작은 키에 얼굴이 잘 생긴 것도 아니다. 그 얼굴마저 어려서 크게 다쳐 꿰맨 흉터까지 있다. 이마 한복판을 가르는 흉터가

왼쪽 눈썹 중간까지 내려와 눈썹을 두 개로 갈라놓았다. 신으로는 최악 조건이었다. 청년 때 주역에 심취했다는 사람이 내 얼굴을 보더니 성형수술을 권했다. 모 재벌 총수가 젊어서 손금에 재물선이 짧다는 말을 듣고 송곳으로 손바닥을 긁어 재물선을 늘렸다는 이야기를 곁들였다.

나는 그 말을 무시해 지금까지 이마 흉터를 성형수술을 하지 않고 있고, 할 생각도 없다. 내가 하는 일이 잘 안 됐을 때 그 이유를 살펴보면 내 실력이나 노력이 부족했던 탓이지 그 흉터 때문이 아니었다. 다만, 눈썹은 거울 볼때마다 기분이 상해 동네 미용실에서 간단한 문신으로 해결했다. 남은 미래가어찌될지는 누구도 모르지만 현재까지의 나는 그런대로 나쁘지 않다.

나의 현재를 선택 불가한 관상이나 사주팔자 탓으로 돌리는 인생은 답이없다. 박진감도 없다. 나의 현재는 오직 내 능력과 노력과 운의 결과다. 살아보니 인생은 기칠운삼技七運三(실력 70%, 운 30%)이다. 관상대로 가는 것이 아니라 내가 가는 대로 관상이 된다. 운명대로 가는 것이 아니라 내가 가는 대로운명이 된다. 그것이 인생이라고 키 작고, 잘 안 생긴 나는 믿는다.

'항구에 정박한 배는 안전하나 그것이 배의 존재이유는 아니다. 거친 바다에 나선 배는 파도를 보지 말고 바다를 봐야 육지에 닿는다.' 내가 큰 키에 잘생긴 얼굴로 태어났더라면 나라를 세워도 열 번은 세웠겠다. 영화 "관상"에서조선 최고 관상쟁이 내경(송강호 분)이 말한다.

"네 얼굴과 네 손 안에 우주가 들어있다. 네 운명은 타인의 말에 있지 않다. 나는 사람의 모습만 봤을 뿐 시대의 모습을 보지 못했다. 시시각각 변하는 파도만 보았지 바람을 보지 못했다. 파도를 만드는 것은 바람인데."

바람은 기(技)와 운(運)이 만든다.

"

"항구에 정박한 배는 안전하나 그것이 배의 존재 이유는 아니다."

-괴테-

"나 자신을 믿어야 한다. 나는 고아원에 있을 때도, 음식을 구걸하러 거리에 나섰을 때도 '나는 이 세상에서 가장 위대한 배우다'라고 나 자신에게 속삭였다."

-찰리 채플린-

"

*"거친 바다에 나선 배는 파도를 보지 말고
바다를 봐야 육지에 닿는다."*

인생은 자주
운칠복삼(運七福三)이다

~~~~~~~~~~~~ 28

사람 팔자는 기칠운삼(技七運三)을 넘어 운칠복삼(運七福三 운 70%, 복 30%)이라는 사람도 있는데 특히 성공한 사업가 중에 많다. 돌아보면 좋은 운수를 맞았을 때 생각지 못한 복이 함께 터졌기 때문이지 그렇지 않았더라면 지금처럼 성공하지 못했을 것이란 말을 자주 들었다. '계획은 사람이 하지만 이루는 것은 하늘'이라는 말이나 다름없다.

대학 졸업 후 기자 시험에 연거푸 낙방하다 포기하고 입사했던 A그룹 계열사 생산공장 관리부에는 50대 만년 대리가 몇 명 있었다. 산업화 초기에 잡무를 맡는 하급 직원으로 들어왔거나, 생산직에 있다가 몸을 다쳐 관리직으로 전환된 경우 등이었다. 그 중 별명이 '회장님'인 김 대리가 있었다.

김 대리가 '회장님'이 된 이유는 A그룹이 그가 있던 회사를 인수했는데 마침 A그룹 회장이 김 대리와 초등학교 동창인 것이 밝혀진 때문이었다. 김 대리로서는 졸지에 생각하지 못했던 복이 굴러들어온 셈이었는데 관리부장이나 공장장도 A대리만큼은 직급 낮다고 함부로 대하지 않았다. 대개 만년 대리는 정년 전에 퇴직하는 경우가 많았는데 김 대리는 정년까지 근무도 걱정 없었다. 그도 그럴 것이 일 년에 한 번 회장이 공장 순시를 할 때면 부동자세를 취하고 서있는 김 대리를 향해 "아무개! 너 잘 하고 있어?" 하고 챙겼기 때문이다. 그러면 '김 회장님'은 큰 소리로 "넵! 열심히 하고 있습니다!" 했고, 공장장도 한마디 거들었다.

인생은 운칠복삼, 자기 노력으로 1등 하는 것이 절반이면 3등으로 달리는 데 1등과 2등이 서로 다투다 같이 넘어지는 바람에 3등이 1등을 당하는 것이 절반이다. 지금 3등, 4등이라도 희망을 가지고 막 달려야 하는 이유다. 특히 젊었을 때 친구나 선후배 잘 만나는 것도 복이라면 큰 복이다. 우연한 기회에 사람 잘 만난 복으로 인생이 환하게 열린 경우란 셀 수 없이 많다. 그러므로 젊어서는 어지간하면 "내가 돈이 없지 가오가 없냐?"는 거친(?) 태도는 삼가는 게 좋겠더라. 자신감과 패기로 사는 것도 좋지만 너무 심하게 자존심 내세우다 복덩이를 놓치는 경우도 많으니까.

단, 무엇보다 중요한 사실(fact)은 아무리 인생이 운과 복에 달렸다고 해도 그 운과 복은 부지런히 노력하고, 준비한 사람에게 터지지 평소 게으르고, 준비가 안 된 사람에게는 찾아오지 않는다는 것이다.

"인생을 지배하는 것은 행운이지 지혜가 아니다."

-키케로-

"행운은 눈 먼 소경이 아니다.
그는 항상 준비된 사람만 찾아다닌다."

"로또복권에 당첨되는 첫째 비결은
로또복권을 사는 것이다."

"기회란 머리만 있고 꼬리가 없는 화살과 같다.
올 때 잡아야지 지나가 버리면 잡을 수 없다."

한 발 뒤로 물러서서
가만히 지켜보기

~~~~~~~~~ 29

옛날과 다르게 무슨 큰 뉴스가 터지면 인터넷을 통해 즉각적으로 내 의견을 표출할 창구가 많아졌다. 사건 기사에 댓글을 달거나 SNS나 카톡방에서 내 의견을 말하고, 심지어 사건 당사자 SNS에 댓글을 달고, 핸드폰에 문자메시지를 보내는 것도 맘만 먹으면 그리 어렵지 않다.

그러니 무슨 큰 사건이 하나 터지면 6.25 난리는 난리도 아니게 시끄럽다. 정치적으로 진영이 갈리는 사안이라면 나라가 뒤집어진다. 그 대부분이 속내를 제대로 알지도 못한 가운데 사건 표면만 보거나 자기가 보고 싶은 것만 보면서 분노하고, 비난하고, 한탄하고, 욕하면서 자기 몸에 독소를 쌓는다. 분노와 욕을 자주 하면 몸이 상하고 병을 부르는 것은 과학적 연구 결과라 확실하다.

나는 요새 사회적으로 어떤 큰 사건이 터지거나 하다못해 동창회 카톡방에서 친구끼리 말다툼이 일어나도 일단은 한 발 뒤로 물러서서 가만히 지켜본다.

잘 모르는 사건에 즉각적으로 반응하지 않는 것이다. 가만 지켜보다 보면 진실이 조금씩 드러나고 전후좌우가 어느 정도 파악된다. 그때야 내 의견을 말할 필요가 있으면 말해도 시간은 늦지 않았다.

어떤 뉴스나 소문이 돌면 진실이 다 드러나기도 전에, 실체와 본말을 제대로 알지도 못하면서 겉으로 본 것, 남이 하는 소리만 듣고 섣부른 판단으로 성급하게 마구 이 말 저 말 쏟아낸다. 나중에 진실이 드러나 자신이 오해나 오판했음이 확인되면 언제 그랬냐며 슬그머니 숨는 것, 이런 행동은 인생을 좀 살았다는 사람이 할 짓은 아니다. 그런 일이 잦으면 젊은 사람에게 '나이를 거꾸로 드셨냐'는 말을 들어도 할 말이 없게 된다.

유래 없는 네거티브 진흙탕 대통령 선거 과정을 지켜보자니 모든 문제는 한 발 멀리 떨어져서 지켜보는 것이 중요하다는 것을 더더욱 절감했다. 무슨 큰 뉴스가 터지면 좀 지켜보면서 판단하자. 그래도 늦지 않더라.

"승자는 보이는 대로 보고, 패자는 보고 싶은 것만 본다."

"승자는 생각한 후 말을 하고, 패자는 말을 한 후 생각한다."

"승자는 생각한 대로 살고, 패자는 사는 대로 생각한다."

어차피 먹는 낫살
용감하게 먹기

보고를 하기보다 받기가 잦은 것은 순전히 나이와 짬밥 탓이다. 보고서 내용은 대부분 뭔가 일을 추진하겠다는 것인데 결론을 제시하는 문장 끝은 십중팔구 '~을 하고자 함.'으로 끝난다. 예를 들어 'CCTV를 설치해 사각지대 감시를 강화하고자 함.' 식이다. '강화'로 끝내도 될 것을 굳이 '하고자 함'으로 끝낼까? 언어 관습이기도 하지만 다른 의미가 더 담겨있다.

겸손이다. 보고는 대개 상관에게 하는 것이라 '제가 무슨 일을 여차저차 하겠으니 허락을 구합니다.'는 뜻이 담긴 것이다. 그것을 ~하겠음'으로 끝내버리면 행여 '내가 그렇게 하기로 했으니 당신은 결재만 하시오!'란 의미로 해석할까 싶은 염려에서 비롯된 말투다.

자신감 결여 또는 책임회피다. '나는 이렇게 하려고 하지만 어찌됐든 최종 결정은 상관인 당신이 알아서 하십시오. 혹시 일이 잘못돼도 그 책임은 내가 아니라 당신에게 있습니다.' 뜻이 숨어 있다.

자기 의견을 표현할 때 '~이라고 생각한다, ~인 것 같다'고 말하는 것도 마찬가지다. '~이다'라고 잘라 말하기에는 왠지 자신이 없다. '나중에 내 말이 틀리면 어떻게 하지?' 싶은 걱정이 드니 뒤로 슬쩍 물러서 '~라고 생각하긴 하는데 (뭐 아닐 수도 있고)' 식으로 말을 하게 되는 것이다. 더 심한 경우가 '~이라고 생각된다'는 수동태 표현이다.

나는 언제부턴가 그렇게 문장을 쓰지 않으려고 노력한다. 내가 할 수 있는 말을 분명히 하되 내 말에 자신을 갖고 '~하다. ~이다.'로 잘라서 글도 쓰고, 말도 한다. 물론 그 말이 부르는 결과에 책임을 지겠다는 생각이 담겨있다. 그러려면 아무래도 말하기 전에 한 번 더 내가 옳은지, 제대로 알고 말하는 것인지, 정당하게 사리분별을 갖췄는지 등을 판단하게 된다. 쓰는 글, 하는 말마다 여지없이 그렇게는 못하더라도 나이 육십에 가까워진 만큼 하고 싶은 말과 글을 자신 있게 표현 못하고 살기는 싫다. 무엇이 두렵다고.

"사람이 할 수 있는 말은 하는 것이 현명하고,
사람이 할 수 없는 말은 하지 않는 것이 현명하다."

역지사지(易地思之),
진짜 폼 나는 것은 자랑하지 않기

— 31

역지사지(易地思之)는 '입장을 바꿔 생각'해보는 배려심이다. 40대 때 고등학교 동창 몇이 저녁에 모인 적이 있었다. 운영하던 홍보대행사를 접고 프리랜서로 뛰면서 어려움을 버티던 때였다. 술이 얼큰해지자 자격지심 때문이었는지 누가 물어보지도, 궁금해 하지도 않았는데 '한 달이면 이거 해서 얼마 벌고, 저거 해서 얼마 번다.'며 돈벌이 자랑을 늘어놓았다. 며칠 후 '그 자리에 벌이가 시원찮은 친구들도 있었는데 술 한 잔 사지도 않는 놈이 돈 자랑이나 해서 불쾌했다.'는 뒷담화가 내 귀에 들렸다. 내 가계경제가 그리 좋은 상황이 아니었던 터라 더 민망했다. 그때 불쾌해했던 친구는 지금도 관계가 데면데면하다.

요즘은 대부분 SNS를 하는데 인스타그램은 '나 이렇게 잘 살아요.' 하는 곳이고, 페이스북은 '나 이렇게 잘났어요.' 하는 곳이라고 한다. 대충 틀리지 않다. 페이스북에서 꽤 많은 친구를 사귀고 있는 나도 거슬리는 게시글 종류가 몇 가지 있다. 일류 호텔에서 최고급 요리를 시켜놓고 자랑하거나, 휴일도 아닌 평일에 골프장에서 즐기는 사진을 올리는 것, 그것도 부부동반이면 더 거슬린다. 나와 아내가 골프와 멀게 산 때문이기도 하지만 남들 열심히 일하는 평일에 골프장에서 폼 나게 노는 것을 불특정 사람들에게 자랑하는 것은 배려심이 없는 행동이다. 그런 자랑이 잦은 사람은 결국 어느 순간 친구를 끊게 된다. 세월호 비극이 터졌을 때는 한동안 눈치가 보여 즐겁거나 웃기는 내용을 올리지 못했었다.

어려운 조건을 이기고 훌륭한 성취를 한 자식 자랑은 해도 된다. 그러자고 SNS도 하는 것이다. 로스쿨 합격했다고 자랑하는 것까지는 봐주겠는데 검사, 판사 됐다고 자랑하는 것은 취업 못한 자식 때문에 속앓이 하는 부모들을 배려하지 않는 행동이다. 올림픽에서 금메달을 땄거나 나라를 빛낸 상을 탄 거야 온 국민이 기뻐할 일이니 자랑해도 되지만 외모 준수한 자식이 공부까지 잘해 매년 전액 장학금을 받아 기분 좋다는 자랑은 굳이 안 해도 된다. 당신 기분만 좋을 뿐이다. 보통사람 처지로는 따라갈 수 없는 비싼 취미도 가끔 자랑해야 봐줄 만하다. 부부금슬이 그리 좋다면 그 자체로 만족할 일이지 날마다 자랑질이면 실상은 반대인데 거짓금슬 아닐까 의심스럽다.

페북에다 내가 이 자랑을 하면 속이 상하거나 좌절할 친구는 없을까 한 번 생각하고 말하려고 가급적 신경을 쓴다. 된장찌개를 맛있게 끓였다거나, 라면에 만두와 목이버섯을 넣었다던가, '짝퉁 명품'을 샀는데 좋다거나, 베란다에 꽃이 한 가득 피었다거나, 장모님이 맛있는 김치를 보내셨다는 그런 자랑이야

얼마든지 봐도 거슬리지 않는다. 그런 자랑은 사소해서 나에게 상대적 박탈감을 주지는 않으니까. 나는 페북에서 유머나 애교를 위해 '당근마켓에서 산, 비 오면 물 새는 중고 오메가 시계' 자랑을 가끔 한다. 그렇지 않고 기백만 원 넘는 진짜 오메가 시계를 그리 자랑한다면 그건 남에 대한 배려라고는 털끝만큼도 없는 비정상 정신상태다.

"역지사지(易地思之),
입장을 바꿔 생각하라. 인생은 돌고 돈다.
오르막길 오를 때 내리막길이 있음을 잊지 말자."

"앉은 자리를 맞바꾸면
풍경이 달라진다."

모든 꿈은 개꿈,
신경 끄자

32 ~~~~~~~~~~ **32**

사는 동안 숱하게 꿈을 꿨다. 어느 날은 돌아가신 아부지께서 환하게 웃으시며 로또번호를 암시해주셨다. 잠에서 깨자 얼른 적어놓고 마음이 들떴다. 유산 하나 안 남겨 주시더니 로또를 당첨시켜 주시려나 싶었다. 주변 번호까지 돈 좀 썼는데 꼴등도 드물었다. 꿈자리가 사나운 날은 혹시 무슨 안 좋은 일이 생기려나 걱정돼 가족들에게 '오늘 조심하라'는 말을 하곤 했는데 그다지 안 좋은 일은 생기지 않았다. 심지어 전쟁터에서 총알을 맞고 죽는 꿈을 꿔 진땀을 흘리며 깬 날도 별일 없이 지나갔다.

확실한 돼지꿈을 꾼 적이 없어 돼지꿈이 좋은 일을 미리 계시하는지는 모르나 꿈을 아무 근거 없이 꾸는 것은 아니고 뭔가 무의식 세계를 반영하는 것은 아닐까 싶어 신경이 쓰이기는 했다. 군대에 갔다 온 남자들은 입대하는 꿈을 꿀 때 진땀을 흘린다는데 군 면제인 나는 대학 졸업하고 언론사 시험에 연거푸 떨어지며 미래가 암담한 백수 시절 꿈을 꾸면 심장이 두근거리며 잠이 깬다. 그러나 내 현실이 어떨 때 그런 꿈을 꾸는지 알 수가 없고, 그 꿈을 꾼 다음 날 내 일상이 어떻게 조정됐는지는 모르겠는데 크게 안 좋은 일이 없었으니 지금 이 글도 쓰고 있지 않겠나 생각한다.

미래를 알 수 없는 숙명이 사람의 마음을 나약하게 하지만 어쨌든 미래는 알 수 없다. 그저 닥치는 대로 살아가는 수밖에. 이제는 개꿈 따위 신경 쓰지 않는다. 개뿔, 꾸든가 말든가!

도사에게 쓸 돈으로
소고기 사먹기

점쟁이라고 부르는 것보다 도사라고 부르면 더 있어 보인다. 신이 설계해놓은 어마어마한 우주 질서를 도사가 끼어들어 흐트려 놓을 수 없다. 그건 신이 용납하지 않는다. 도사가 예언해주는 미래는 믿거나 말거나, 맞거나 말거나에 불과한 인간의 말장난, 상술(商術)일 뿐이다.

점, 손금, 관상, 별자리, 사주 같은 것에 용한 점술가로부터 보통 사람이 알 수 없는 신묘함을 체험했다는 사람도 있지만 '동쪽으로 가면 은인을 만날 것'이란 애매모호한 말 중에 듣고 싶은 것만 들은 탓이거나 우연의 일치였을 거라고 나는 믿는다. 상황이 심란했을 때 몇 번 점쟁이를 찾아가 본 내 경험으로 그리 판단한다. 도사에게 쓸 돈 있으면 차라리 소고기 한 근이라도 더 사먹는 것이 운명에 이롭다고 보지만 그렇다고 도사가 불필요한 존재는 아니다.

'가장 유능한 도사는 상대방 말을 잘 들어주는 사람'이라는 말에 나는 100% 동의한다. '내 말을 끝까지 들어주는 사람이 단 한 명만 있어도 삶을 절망하지 않게 된다.'는 말도 100% 동의한다. 유능한 도사는 화가 나 찾아온 손님보다 더 화를 내고, 슬퍼서 찾아온 손님보다 더 슬프게 맞장구치며 손님의 마음을 풀어주는 컨설턴트다. 매우 긍정적인 도사의 역할이다. 이청득심(以聽得心), 사람의 마음을 얻으려면 그의 말을 정성껏 들어주는 경청(敬聽)이 답이다.

늙으신 부모님이나 아내가 그제, 어제 했던 이야기 또 해도 처음 듣는 것처럼 맞장구치고, 젊은 딸이 직장에서 분한 일을 겪었다며 사연을 털어놓으면 불같이 화를 내면서 들어주는 것이 진정한 도사의 자세다. 그래야 집안에 평화도 깃든다. 경청이 가장 뛰어난 점술이다.

지난주와 마찬가지로 이번 주에도 로또 복권 당첨자 명단에는 전국에 내로라하는 도사들 이름이 여전히 없을 것이다. 그럼에도 불구하고 "계란 후라이를 만들기 위해서는 계란부터 깨뜨려야 하고, 로또에 당첨되는 첫째 비결은 복권부터 사는 것"이다. 점 보러 다니는 것도 좋지만 자신의 실력을 기르는 것이 먼저다.

"행운은 눈 먼 소경이 아니다.
그는 항상 준비된 사람만 찾아다닌다."

"기회란 머리만 있고 꼬리가 없는 화살과 같다.
올 때 잡아야지 지나가 버리면 잡을 수 없다."

비관주의자와
투덜이스트 멀리 하기

~~~~~~~~~~ 34

세상사에 비관적인 사람은 과정도 결말도 늘 부정적이다. 시작하기도 전에 '되겠어? 하지마'란 말을 먼저 한다. 왜 매사 그렇게 부정적이냐고 그러면 자기는 부정적인 게 아니라 현실을 냉철하게 직시할 뿐이라고 한다. 자기 같은 현실주의자가 내 곁에 있어 주는 것을 고맙게 생각하란다. 이런 부류 사람은 성격이 날카로워 부정적인 것들이 더 많이 눈에 띈다. 눈에 띄니 매사 투덜거린다. 비관주의자는 필시 투덜이스트일 확률이 높다.

비관주의자와 식당에 가면 종업원의 불친절한 태도, 불결한 식탁, 맛없는 음식, 몸에 해로운 요리에 대한 불평불만을 늘어놓는다. 있던 밥맛도 도망가는 판에 식당 종업원이나 사장, 주변 손님들과 안 싸우고 나오면 다행이다. 이 비관주의자에게 미래 계획을 털어놓으면 될 일도 기부터 꺾인다. 이럴 경우 큰일 나고, 저럴 경우 폭삭 망하기 때문이다. 그는 잘 되고, 대박 터지는 경우는 잘 보지 못한다. 비관적 시각에서 비판하는 것에 익숙하기 때문이다. 비관주의자에게 내가 쓴 글이 어떤가 싶어 보여주면 '이거 이거가 좋다'는 말보다

'저거 저거가 말이 안 된다'는 말을 해 기를 죽인다. '칭찬은 고래도 춤추게 한다.'는 사실을 비관주의자는 절대 모른다. 냉철한 현실주의자니까.

이런 사람을 '에너지 뱀파이어'라 부른다. 만나면 어떻게든 힘을 북돋아주기보다 기 죽이는 말부터 하는 사람, 여차하면 주변 사람들과 사소한 시비가 붙어 함께 있던 사람까지 곤란하게 만드는 사람, 만날 때마다 뭔가의 이유로 기분이 우울해 그 기분 풀어주려고 용쓰다 볼일 다 보게 하는 사람, 이런 사람과는 가급적 안 만나는 것이 상책이다. 인생에 도움이 안 되는, 돈도 시간도 아까운 사람이다.

사람을 키우는 것은 밥보다 말이다. 프랑스 파리에 세계적인 화가는 어렸을 때 학교 공부는 낙제생이었는데 "네 그림은 너무나 환상적이야. 넌 꼭 그림으로 세계 1등을 할 거야."란 말을 초등학교 선생님으로부터 듣고 그림에 자신감이 넘치기 시작했다고 한다. 감옥에 갇힌 어떤 사람은 "너 그러다가는 감옥 갈 거다"는 말을 어렸을 때 부모가 자주 했다고도 한다.

"내가 성공한 까닭은 '나는 운이 좋다. 나는 운이 좋다.'고 항상 생각하기 때문입니다. 그러면 진짜 운이 좋아졌습니다."

−사이토 히토리−

"불평만 하고 남의 험담만 하는 사람이 성공한 예는 일찍이 없었다. 어떤 일에 성공한 사람은 자기의 혀를 조절할 줄 알았던 사람이다."

-탈레랑-

"비관주의자는 바람이 부는 것을 불평한다. 낙관주의자는 바람 방향이 바뀌기를 기다린다. 현실주의자는 바람에 따라 돛의 방향을 조정한다."

-윌리엄 아서 워드-

99

욕이 인격이 되고
말이 운명이 된다

~~~~~~~~ **35**

청년 때부터 40대 중년에 이르기까지 욕깨나 하며 살았다. 사이가 가까워 욕을 해도 부담되지 않는 동년배 친구들이나 후배들과 술자리에서 어울릴 때, 페이스북이나 인터넷 카페 등에서 사회, 정치 발언을 할 때 주로 그랬다. 페이스북에서 악인을 향해 빅욕 한 방 날린 후 누군가가 '욕을 참 찰지게도 하신다'고 댓글을 달면 우쭐하기도 했다.

왜 그랬는지 지금 돌아보니 작은 체구를 입으로 상쇄하려는 방어본능, 주변 관심을 끌려는 과장, 직접 어떻게 할 수 없는 사건이나 사고의 주인공을 향한 분풀이, 문학하는 사람입네 하며 개폼 잡으려는 작가 코스프레, 일상에서 쌓인 스트레스 해소 등등이 이유였던 것 같다. 욕 한 번 걸쭉하게 하고 나면 속이 시원한 것은 사실이다.

어느 날 적당히 예의를 차려야 할 사회 선후배들과 어울리는 술자리가 있었는데 마침 옆 테이블에 죽마고우인 듯한 중년 사내들이 어울리고 있었다. 이 사람들이 사정없이 욕을 주고받으며 왁자지껄하게 떠들자 다른 테이블 사람들이 하나같이 그들을 째려봤다. 어떤 젊은 남녀는 먹던 중간에 음식을 남긴 채 계산을 치르고 나가버렸다. 내가 앉은 테이블에 선후배들도 그 남자들의 욕설이 너무 심하다 싶으면 서로 쳐다보며 한심하다는 표정을 지었다. 내 눈에 그날 그 남자들이 그렇게 가치 없어 보일 수가 없었다.

그날 이후 어떤 자리에서든 가급적 욕을 안 하기로 작심하고는 그것을 지키려고 노력 중이다. 나는 그날 사람의 말이 곧 그 사람의 인격이자 품격임을 뼈저리게 보았다. 그날 그 남자들이 그렇게 천박할 수가 없었다. 돈 되는 것 하나 없이 스스로 가치를 똥값으로 만드는 것이 욕지거리였다. 그 동안 주변 사람들이 말은 안 했더라도 상스런 욕이나 하는 나를 얼마나 가치 없는 인간으로 봤을지 생각하니 끔찍했다. 동석한 친구들이 나 때문에 옆 테이블 사람들에게 도매금으로 평가절하 됐을 것을 생각하니 쪽팔려 쥐구멍이라도 찾고 싶었다.

'화향백리 주향천리 인향만리 (花香百里 酒香千里 人香萬里), 꽃향기 백 리 가고, 술 향기 천 리 가고, 사람 향기 만 리 간다.'고 한다. 사람은 말을 조심해야 한다. 욕도 말이다. 말이란 한 번 해버리면 주워 담을 수 없다. 그 말이 다른 사람을 죽이기도 하고, 살리기도 한다. 내가 하는 말이 내 행동이 되고, 인격이 된다. 인격이 좋지 못하면 결국에는 운명이 안 좋은 방향으로 꼬이게 돼 있더라. 오늘 밥상에 오른 명태가 입을 떡 벌리고 있다. 입을 다물었다면 동해바다에서 행복하게 헤엄치고 있을 텐데.

❝
첫째, 생각을 조심하라. 그것이 너의 말이 된다.
둘째, 말을 조심하라. 그것이 너의 행동이 된다.
셋째, 행동을 조심하라. 그것이 너의 습관이 된다.
넷째, 습관을 조심하라. 그것이 너의 인격이 된다.
다섯째, 인격을 조심하라. 그것이 너의 운명이 된다.
- 고(故) 차동엽 신부 『무지개 원리』-
❞

"내가 입을 다물었다면, 난 여기에 있지 않을 것이다."

-고(故) 차동엽 신부 『무지개 원리』-

누구누구랑 친하다고
자랑 않기

〰〰〰〰〰 36

소위 '도사'가 말하는 실패한 사업가 공통점은 '유력 정치인이나 권력자와 찍은 사진을 사무실에 크게 확대해 걸어둔 사람'이라는 유머가 있다. 신뢰하기 어려워 실패할 확률이 높다는 뜻이다.

나도 한때 오프라인 술자리나 SNS 등에 유명 권력자나 정치인과 친분을 과시하거나 함께 찍은 사진을 올리며 자랑한 적이 더러 있었다. 오랜 친구거나, 직접 연관이 있는 선거 후보를 지원하려는 목적이었지만 결과적으로 내게 이익보다 손해가 더 되는 행동이었다. 그걸 보는 사람들은 대부분 '저 사람하고 친한 당신은 지금 뭐 하는데? 그래서 뭐 어쨌는데?' 식의 반응을 보일 뿐만 아니라 나를 왠지 신뢰하기 어려운 모사꾼으로 인식하는 것 같았다. 그 중에는 해당 정치인을 극도로 싫어해 나와 관계를 정리하는 사람마저 있었다.

물론, 연예인이나 스포츠 선수 등 소위 대중스타를 우연히 만났다거나 평소 그와 친분이 있다고 자랑하는 것은 다르다. 대중스타 팬심은 삶의 양념이

자 즐거움이라 듣는 사람들도 부러워하거나 즐거워하지 자랑하는 사람을 불신의 대상으로 평가하지 않는다. 선거 캠프에 운동원으로 참여해 후보를 돕는 선거운동을 하는 것도 예외다. 선거는 전쟁이라 물불 가릴 새가 없다.

과거 정치인이나 권력자들과 가까이 지낼 때 '권력은 권력자의 것이지 내 것은 일 푼어치도 없다'는 현실을 자각했다. 돈은 나눠 쓸 수 있을지라도 권력은 나누기가 불가능했다. 그럼에도 그 권력을 무리해 나눠 써보려 했다가 법적으로 대가를 치르는 사람이 부지기수다.

젊은 사람이 유력자와 친분을 과시하면 '성공을 위해 용을 쓰는구나' 이해라도 하겠지만 나이깨나 든 사람이 그렇게 떠들면 여전히 그 사람 힘에 기대 뭔가를 얻어내려는 수작(심하게는 구걸)이다 싶어 추하게만 보인다. 나이 들수록 내가 누구누구랑 친하다고 자랑하기보다 단 일 푼이라도 다른 사람이 나와 친하다고 자랑 당하는 사람이 되려고 노력하는 것이 현명하다. 그것이 작더라도 내 삶을 사는 길이다. 내 인생은 나의 것이지 유력자에 빌붙은 것이 아니잖은가. 이 말은 시방 나에게 하는 말이다.

맨땅에 헤딩하기

"비관주의자는 바람이 부는 것을 불평한다. 낙관주의자는 바람 방향이 바뀌기를 기다린다. 현실주의자는 바람에 따라 돛의 방향을 조정한다."

– 윌리엄 아서 워드 –

돌아보면 철이 없었고, 무모했다. 인생이 맨땅에 헤딩 연속이었는데 한편으로 운이 좋았다. 겨우 고등학교까지 다녔던 처지라 C대 장학생으로 입학했는데 다니다 보니 아니다 싶어 궁즉통(窮卽通 궁하면 통한다) 염불을 외며 대책 없이 재수해 K대로 옮겼다. 졸업 후 기자를 하네, PD를 하네 2년 허비하다 D사 노무과 입사 후 2년, 사표를 내고 다시 PD에 도전했다 실패, 막차로 겨우겨우 건설회사 홍보실에 재취업했다. 노무 경력으로 지원했다 1차 탈락했는데 '운이 좋게' 홍보실에서 연락이 왔다.

입사하자마자 기다리던 여자 친구와 결혼부터 했다. 결혼하고 두 달 뒤 회사가 법정관리에 들어갔다. 앞이 캄캄했다. 그때 S정보통신 홍보팀 2년 이상

경력사원 1명 모집공고가 떴다. 완전컴맹에 홍보실 입사 6개월밖에 안 됐는데 '회사가 뽑지 내가 뽑냐'는 생각으로 원서를 들이밀었고, 합격했다. 인사팀장이 홍보 경력자 경쟁률이 250 대 1이었다고 했다. 이 또한 운이 좋았다. 7년 후 벤처기업 바람이 불자 홍보대행사를 창업해 독립했다가 10년 후 세계금융위기로 문을 닫게 됐고, 죽기살기로 '최보기의 책보기' 서평 쓰기에 매달리다 보니 생각지도 못했던 도서관장이 됐다.

2010년 서평을 시작한 후 얼마 되지 않아 홍보전문가가 아닌 '작가'로 포장해야 서평에 신뢰가 생길 것 같아 첫 산문집 『거금도 연가』를 우격다짐으로 출판, 작가로 '둔갑'했다. 그때까지 알던 지인들이 십시일반으로 천 권을 사전예약 해줘 가능했다. 다시 보니 주변 사람들에게 빚을 많이 졌다. 내친김에 서평집 『놓치기 아까운 젊은 날의 책들』과 『독한시간』을 냈고, '소설 쓰는 자격증이 따로 있는가' 싶어 장편풍자소설 『박사성이 죽었다』까지 내버렸다.

가수로 활동하는 고향 선배에게 트로트 곡 〈뚜뚜뚜르삐〉, 〈여산역에서〉 가사를 써 줬는데 아직 빛을 보지 못하고 있다. 내 보기에 기막힌 가사인데 임자를 못 만났을 뿐이라 생각한다. 평소 시를 좋아해 가끔 '자작 야매시'를 페이스북에 올렸는데 벌써 200수 넘게 가지고 있다. 언젠가는 시집을 출판할 생각이다. 시집 출판도 자격은 따로 없다. 세계적인 그림동화 〈아낌없이 주는 나무〉를 읽자니 이 정도는 나도 쓰겠다 싶어 인천 장수동 천연기념물 은행나무를 소재로 〈만의골 은행나무〉를 써서 출판사에 보냈는데 현재 5개 출판사까지

퇴짜를 맞는 중이다. 엊그제는 공무원들과 일하다 보니 그들이 글쓰기를 어떻게 해야 할지 답이 보여 『공무원 글쓰기』를 탈고해 출판사에 넘겼다. 이 책은 잘 될 것 같다.

2012년 즈음 창업 후 20년 만에 세계적 기업을 일군 미국 벤처기업가가 한국에 와 중앙 일간지와 인터뷰를 했는데 기자가 앞으로 계획이 무엇이냐 물었을 때 대답이 이랬다.

> "저는 계획(Plan)하지 않고 행동(Action)합니다.
> 행동이 다음에 해야 할 행동을 몰고 옵니다."

인생은 계획이 아니라 행동이다. 그것이 비록 맨땅에 헤딩일지라도 행동하면 다음에 해야 할 행동이 따라오고, 자꾸 행동하다 보면 되는 일도 생긴다. 단, 행동이 실패했을 때 어떻게 될 것인지는 계산을 해보고 행동해야지 무턱대고 행동만 했다가는 패가망신 당할 수가 있다. 아마도 곧 출판 예정인 『공무원 글쓰기』가 잘 되면 글쓰기 강연 요청이 많아지게 될 것이고, 그리되면 다시 책이 더 많이 팔리게 될 것이다.

[아직 빛을 보지 못하고 있는 트로트 곡 가사 2개가 주인을 기다리고 있다!]

뚜뚜뚜르삐

다이알이 늦었으니 다시 걸어 주세요(실제 전화 걸 때 나오는 효과음)

프리즈 콜 어게인 뚜뚜뚜르 삐~~
운명처럼 얼떨결에 받았던 핸폰번호 내 가슴 두근두근 어쩔 줄 몰라요
창백한 손마디 그윽한 그 눈빛 내 마음에 확 꽂혔는데
그 손길 진정일까 그 눈빛 작업일까 내 마음만 싱숭생숭 해
오늘도 그날처럼 비는 내리고 오늘도 그날처럼 바람 부는데
그 사람 핸폰 끝자리 숫자 칠을 못 눌러 나는 나는 비에 젖어요
프리즈 콜 어게인 뚜뚜뚜르 삐~~

다이알이 늦었으니 다시 걸어 주세요(실제 전화 걸 때 나오는 효과음)

프리즈 콜 어게인 뚜뚜뚜르 삐~~
다시 보자 말 못하고 헤매는 나 진정으로 사랑에 빠진 건가 봐
비 오고 바람 불어 외롭거든 편하게 전화하라던 그 사람

언제나 무대뽀로 세상 휘젓던 언제나 용기백배 나답지 않게

오늘도 그날처럼 비는 내리고 오늘도 그날처럼 바람 부는데

그 사람 핸폰 끝자리 숫자 칠을 못 눌러 나는 나는 비에 젖어요

프리즈 콜 어게인 뚜뚜뚜르 삐~~

(2013.2.25)

여산휴게소

하늘이 파랗던 봄날 그녀와 나는

해맑은 미소로 호숫가를 걸었지

연극을 본 후 흐르던 그녀의 눈물

어루만졌던 내 손 끝 아직도 촉촉한데

배불뚝이 아저씨 건장한 아이들

청순했던 그녀는 어디로 갔나

우연히 마주친 눈 놀라며 스쳐버린

아아, 들르지 말 것을 여산 휴게소

낙엽이 날리던 가을날 그녀와 나는

은행나무에 기대서서 맹세했었지

세상 끝까지 일편단심 변치 말자며
마주잡았던 내 손 끝 아직도 촉촉한데
배불뚝이 아저씨 건장한 아이들
청순했던 그녀는 어디로 갔나
오늘도 그날처럼 낙엽이 지는데
아아, 들르지 말 것을 여산 휴게소

(2020.9.4)

"꿈을 수첩에 적으면 목표가 된다.
목표를 잘게 쪼개면 계획이 된다.
계획을 행동에 옮기면 꿈은 현실이 된다."

66 ─────────────────────────

"자신의 마음이 움직이는 대로 행동하고 원하는 일을 한다면 일과 놀이의
구분은 사라질 것이다."

–삭티 거웨인–

───────────────────────── 99

"앉은 자리를 옮겨야 풍경이 달라진다."

사람은 책을,
책은 사람을 만든다

~~~~~~ 38

독서와 관련된 금언이라면 가장 먼저 떠오르는 말이 '사람은 책을 만들고, 책은 사람을 만든다'이다. 10년을 넘긴 '최보기의 책보기' 서평가로서 경험상 이것은 절대 틀린 말이 아니다. 두 번째로 안중근 의사의 '하루라도 책을 읽지 않으면 입에 가시가 돋는다'는 말이 떠오르나 활자중독이 아닌 입장에서 구체적으로 실감하기 어려운 말이다. 날마다 자신을 갈고 닦아 새롭게 변하라는 일신우일신(日新又日新)으로 해석할 뿐이다.

오랫동안 서평을 쓰면서 확실하게 각성한 것은 어떤 책을 읽든 그 안에 스스로 배우고 힘을 얻을 삶의 지침이 한 가지 이상 반드시 있다는 것이다. 1999년 홍보대행사 문을 닫고 PR대행 프리랜서로 어려운 시기를 보낼 때 정말 그랬다.

정신이 심란하고 마음이 불안해 잡은 파울로 코엘료 소설 『연금술사』를 읽다가 보석을 구하려고 99만9천9백99개의 돌을 깨뜨리다 마침내 포기하려는 보석 채굴꾼에게 우연을 가장해 세계 최고 에메랄드를 선물하는 신인(神人) 멜키세덱의 이야기를 읽으며 큰 힘을 얻었다. '간절히 원하면 온 우주가 돕는다'는 금언도 이 대목에 있다.

사마천 역사서 『사기』에는 '이광 이야기'가 있다. '사냥을 나간 이광이 밤중에 큰 호랑이를 맞닥뜨려 활을 쐈는데 날이 밝아 보니 바위에 화살이 꽂혀 있었다. 자신이 쏜 화살이 바위에 꽂힌 것에 스스로 놀란 이광이 다시 그 바위에 활을 쏘니 화살이 꽂히지 않고 튕겨져 나갔다. '호랑이만 생각하고 바위를 생각하지 않았기에 화살이 꽂혔다.'는 이광 장군 열전에서 '신념만 굳으면 화살이 바위도 뚫는다.'는 교훈을 얻으며 힘을 냈다. 이광 말고도 『사기』에는 역경을 딛고 일어선 인물들이 많다. 이릉 장군을 감싸다 무제의 미움을 사 궁형(宮刑)을 당한 후 불세출 역사서를 쓴 사마천의 삶 자체부터 그렇다.

면직공 청년 카네기가 '반드시 밀물은 오리라. 나는 그날 저 대양으로 나아가리라'는 의지를 적은 액자를 머리맡에 걸어두고 노력해 철강왕이 됐다는 교훈도, '마침내 바람이 불면 언덕 위에 미리 올라가 바람을 기다리던 독수리가 저 높은 창공으로 날아오른다.'는 희망의 주문도 다 책을 보다가 만났다. 『빈센트 반 고흐』와 고갱 이야기 『달과 6펜스』를 읽으며 '끈질긴 승부근성'을 각성했다. 미국인들이 애독하는 소설 『분노의 포도』에서는 굶어 죽어가는 낯선 남자에게 자신의 젖을 물리는 젊은 여인 '샤론의 장미'로부터 꺾이지 않는 의지와 배려, 나의 존엄을 각성했다.

내가 어렵고 힘들 때 분간 없는 마음을 다잡으려 책을 잡으면 그 책 안에 반드시 나를 위로하고 격려하는 사람이 있었다. 진짜다. 평소 '모든 책은 자기계발서'라고 주장하는 이유다. 특별히 나는 정말 힘들고 어려웠을 때 고(故) 차동엽 신부의 『무지개 원리』를 머리맡에 두고 살았다. 평소 내가 하는 말이나 쓰는 글에 알게 모르게 '무지개 원리'가 녹아든다.

> "해 뜨기 전 새벽이 가장 어둡다"
>
> -『연금술사』(파울로 코엘료), 스페인 속담-

"언덕 위에 미리 올라가 있는 독수리가 바람이 불면
저 높은 창공으로 날아오를 수 있다."

내 인생에 힘이 돼 준
이야기 두 개

39

『무지개 원리』가 책 한 권이라 '화살이 바위를 뚫은 이광의 신념' 같은 교훈이 많지만 특별한 두 이야기가 내 머릿속에 깊이 각인돼 삶에 영향을 미치고 있다. 하나는 '중국 대나무(China Bamboo) 이야기'다. 중국 대나무를 심고 물과 거름을 줘도 4년 동안 거의 자라지 않는다. 그러다 5년째 되는 해에 5주일 동안 30m 자란다. 5년 동안 어느 한 시기라도 물과 거름을 중단했다면 이 대나무는 죽었을 것이므로 30m는 5주일 동안 자란 것이 아니라 5년 동안 자란 것이란 이야기다. 지금 당장은 꿈이 눈에 띄게 실현되지 않더라도 꾸준히 노력하면 임계점을 넘는 순간이 반드시 온다는 의지와 희망을 갖게 한다.

다른 하나는 알프스산 정상 산장 앞에 서 있는 '십자가 이야기'다. 한 등산가가 알프스 산을 오르다 심한 눈보라를 만났다. 산 정상에 가면 산장이 있다는 것을 알고 있어 눈보라를 뚫고 정상에 오르려 했다. 해가 진 어둠 속에서 가도 가도 산장은 나오지 않았고 1m 앞도 보이지 않는 상황에서 길을 잘못 들었다고 절망해 주저앉아 버렸다. 다음날 눈보라가 걷힌 후 사람들이 얼어 죽은 등산가를 발견했는데 산장에서 5m밖에 떨어지지 않은 곳이었다는 이야기다. 저자이신 고 차동엽 신부님은 고난이 닥쳤을 때마다 "5m만 더 가자!"고 자신을 독려했다.

기회가 되면 이야기 주인공인 중국 대나무와 알프스산 산장 십자가를 직접 키워보고, 확인해보고 싶지만 아직 그럴 기회는 없었다. 다만 눈으로 직접 확인하지 않더라도 스스로의 노력으로 자기 분야에서 성공해 정상에 이른 사람의 내력을 들어보면 이 두 이야기처럼 인내와 투지 없이 그 자리에 도착한 사람은 아무도 없었다.

"오늘 당신이 포기해 곡괭이 질을 멈추고
떠난 그 자리가 내일 아침에 올 어떤 사람의
첫 곡괭이 질에 황금이 터지는 노다지가 될 것이다.
포기하지 마라."

업보,
집안에 벌레 안 죽이고 같이 살기

~~~~~~~~~ 40

어떤 사람이 페이스북에 '칼마(Karma)'에 관한 짧은 영어 문장을 이미지로 올렸다. 칼마는 응보(應報), 업보(業報)를 뜻하는 불교 용어인데 영어문장은 '당신이 베푸는 것은 예상치 못한 방식으로 당신에게 되돌아올 것이다. 무엇을 돌려받게 될지 신경 쓰지 말고 베풀어라.'로 해석된다. 주역이 출처인 적선지가 필유여경 (積善之家 必有餘慶 착한 일을 쌓는 집은 반드시 경사로운 일이 생긴다.)이나 '뿌린 대로 거둔다'는 금언과 맥락이 같아 눈에 뜨였다.

언제부터인가 가급적 잘 뿌리고 살려고 노력한다. 남 흉보거나 욕하는 것을 삼가고, 나쁜 짓이다 싶은 일을 안 하려고 한다. 대신 적더라도 선을 쌓는 일이다 싶으면 생각만 하지 않고 실행에 옮긴다. 길거리나 시장 어귀, 지하철에서 도라지 까서 팔거나 생필품 파는 어르신이 있으면 가급적 사간다. 어차피 필요한 것들이니까 손해도 아니다. 어르신이나 아르바이트 청년이 내미는 식당, 헬스클럽 선전지도 그들이 빨리 일을 마치고 집에 돌아가기를 바라는 마음을 담아 일부러 받는다.

예전에는 집안에 작은 벌레가 기어가는 것을 목격하면 곧바로 책이나 신발로 내리쳐 죽였다. 후미진 곳에 거미가 줄을 치고 있어도 바로 제거해버렸다. 요새는 인간에게 해로운 해충도 아니고, 자기들도 살려고 나왔는데 굳이 죽일 필요까지 있겠냐 싶어 화장지로 생포해 창문 밖 화단으로 떨어뜨려 주고 있다. 베란다 화분 주위 벌레는 거실로 들어오지만 않으면 그냥 놔두고 있다. 거미줄도 눈에 확 띄는 장소가 아니면 벌레도 잡아주고 좋아 그대로 둔다. 부엌 베란다에 두는 쓰레기 봉지 안에 작은 날벌레들이 많아 예전에는 살충제를 때때로 뿌렸는데 어느 한 날 이 날벌레들이 봉지 안에서만 주로 서식하는 것을 보고 살충제 분사를 멈췄다. 그렇게 하니 마구 죽였던 때보다 마음이 훨씬 편하다.

다만, 인간에게 해로운 모기는 용서가 없다. 워낙 작고 빨라 잡기도 어렵다 보니 모기 소리가 들리는 즉시 살충제를 마구 뿌려 박멸한다.

"갈마(Karma). 당신이 베푸는 것은 예상치 못한 방식으로
당신에게 되돌아올 것이다.
무엇을 돌려받게 될지 신경 쓰지 말고 베풀어라.
뿌린대로 거둔다.
What you put out will come back to you in unexpected ways.
Give only what you don't mind getting back to you."

속 깊은
막내 따님 이야기

~~~~~~~~~~ **41**

『대통령은 누가 뽑나요?』 저자이자 페이스북 친구(페친)인 정관성 작가는 올해 쉰 살 정도의 직장인이다. 막내딸이 이제 초등학생이다. 작가는 평소 은 퇴하면 고향에 내려가 텃밭 일구며 사는 것이 꿈이라 꽤 넓은 밭을 구해 직장 다니는 틈틈이 농사를 짓는다. 하루는 농사짓는 일이 서툴러 실수를 크게 한 탓에 아내와 다툰 후 속이 상해 혼자 방문을 걸어 잠그고 틀어박혔다. 새벽에 방문을 여니 막내딸이 쓴 쪽지가 문틈에 끼여 있었다.

아빠, 괜찮아?
답=(응, 아니, 그냥)
동그라미 해주고 TV앞에 놔 줘
말은 안 해도 되고, 잘 자!

작가는 "실수로 기가 죽은 아빠를 본 막내가 마음이 아팠던 것 같다. '응'

116 내 인생의 무기

에 동그라미를 쳤다."고 했다. 나는 그 글을 읽으며 '어린이는 어른의 아버지'란 시가 생각났다. 어른들이 이런 배려심을 조금만 가져도 세상은 지금보다 훨씬 살만한 곳이 될 텐데... ...

무지개

-윌리엄 워즈워스-

하늘의 무지개 볼 때면
내 가슴은 설렌다

어린 시절 그러했고
어른이 된 지금도 늙어서도 그러하리니
그렇지 않으면 나는 죽으리!

어린이는 어른의 아버지
하루하루가 천상의 자비로 맺어지기를

알아야 면장한다

42

'알아야 면장한다'에 면장은 동네 이장 다음 면장(面長)이 아니라 앞에 가로막힌 담장 너머를 본다는 뜻의 면장(免牆)이다. 면장을 하느냐 못하냐는 종이 한 장 차이다. 아는 사람에게는 아무리 단순하고 쉬운 일도 모르는 사람에게는 넘을 수 없는 장벽일 수밖에 없다.

집에 10년 된 컴퓨터 속도가 너무 느려져 수리점에 문의하니 하드디스크와 메모리를 업그레이드 시켜줘야 한다고 해서 맡긴 후 컴퓨터를 잘 아는 후배에게 전화로 물었더니 그 비용에 몇 만 원만 더 보태면 새 컴퓨터나 다름없는 조립PC를 살 수 있다는 말에 약이 좀 올랐지만 후배가 '지구 환경오염 방지를 위해 쓰던 거 계속 쓰는 게 잘 하는 것'이라 해서 기분이 조금 나아졌다.

평소 컴퓨터 느리다고 불평이었던 아내에게 자랑도 할 겸 퇴근하자마자 아내를 불러 컴퓨터를 켰는데 모니터 화면이 제대로 안 떴다. 아내가 몇 만 원 더 써서 후배에게 구입하지 그랬냐며 못마땅해 하자 화가 났다.

밤 9시가 넘었지만 컴퓨터 수리점 사장에게 전화를 해 흥분 상태로 증상을 말하니 혹시 모니터와 컴퓨터 연결선이 두 개냐 물었다. 난 나사로 조여 연결하는 것 하나뿐이라고 우겼고, 결국 해결이 안 돼 다음날 사장이 오기로 했다. 전화를 끊고도 컴퓨터를 껐다 켰다 난리법석을 피우던 중 우연히 모니터와 컴퓨터 연결선이 두 개임을 알았고, 선 하나를 빼자 모니터가 정상이 됐다.

참 다행인 것은 그 와중에도 내가 컴퓨터 수리점 사장에게 화를 내지 않고 편한 말투로 대화를 나눴다는 것이다. 만약 버럭버럭 화를 내며 '무슨 컴퓨터를 이따위로 고치느냐, 당장 와서 물어내라'는 식으로 거칠게 항의를 했다면 무식한 고객의 무한갑질이 될 뻔했던 것이다.

이런 일도 있었다. 인스턴트 믹스 커피 정도나 마시는 주제인데 멀리 지방에 어떤 카페 원두 커피가 매우 맛있다는 소문을 듣고 볶은 원두를 구매했다. 그런데 지금껏 마셨던 커피들과 달리 약간 쉰 맛이 났다. 상한 원두를 보냈나? 내가 보관을 잘못했나? 무슨 이 따위 커피를 보냈느냐며 카페에 항의하고 환불을 요구할까? 혼자 전전긍긍 하던 차 어떤 사람의 페이스북 게시글을 보자니 원두를 약하게 볶으면 신맛이 나는데 그 맛을 즐기는 사람들도 있는 것이었다. 내가 애초에 약하게 볶은 원두를 주문했으면서 다짜고짜 카페에 항의전화를 했으면 어쩔 뻔 했는가! 역시 가급적 화부터 내는 것을 자제해야 하고, 알아야 면장(免牆)한다.

'알아야 면장한다'는 말을 하자니 돌아가신 어머니 생각이 난다. 엄니는 대체 글자와 숫자를 모른 채 평생을 살기가 얼마나 답답하셨을까 생각하면 가슴이 애리는 것이다. 사는 동네를 떠나 객지라도 나가면 이정표, 간판, 가격표, 대기번호표, 버스번호, 지하철 출구번호 등 아주 사소한 것까지도 누구든 붙잡고 물어보거나 도움을 받아야 했을 삶을 생각하니 눈물이 난다.

"작은 일을 참지 못하는 사람은 큰일에서 낭패하고 만다."

― 공자 ―

"천천히 조급하지 않게 걷는 자에게 지나치게 먼 길은 없다. 끈기 있게 준비하는 자에게 지나치게 멀리 있는 이득은 없다"

― 라 브뤼예르 ―

가식적으로 말하기
- 공부와 아부는 평소에

2000년대 초반 독일에서 출판된 책에 관한 기사를 본 기억이 있다. 책 제목이 '생각대로 말했더니' 비슷했는데 일상 대화에서 마음속 생각을 있는 그대로 말하는 실험을 사람들 몰래 해본 것이었다. 예를 들어 모처럼 친척 댁을 방문했는데 음식을 정성껏 준비한 친척의 맛있냐는 질문에 속마음 그대로 '내 입맛에 안 맞아 맛이 없다'고 대답하거나 진행 중인 프로젝트가 잘 될 것 같으냐는 상관 질문에 '개인적으로 흥미가 없어 잘 안 될 것 같다'고 대답하는 식이었다. 결과는 석 달도 안가 기존 인간관계가 대부분 파탄이 나면서 사회적으로 고립됐다.

사람을 대할 때 '솔직함이 무기'이긴 하나 그것이 무조건 다 좋은 것은 아니다. 분위기와 상대에 따라 선의의 거짓말이나 가식, 과장, 엄살, 너스레도 중요하다. 예전에 고향 친구들을 만나 회포를 푸는데 이런 일이 있었다.

한 친구가 만나자마자 "보기 너 어디 아프냐? 안색이 왜 그래?" 하고 물었다. 아픈 데가 없었으므로 "별일 없는데 내 안색이 어때서?" 하고 가볍게 응수했는데 이 친구가 "아니야, 너 지금 얼굴빛이 꼭 무슨 중병 걸린 사람 같다야" 하는 것이었다. 기분이 살짝 나빴지만 "어, 그래?" 하고 말았다. 그런데 그때부터 '내 얼굴빛이 그리 안 좋아 보이는가?' 싶어 신경이 계속 쓰였다. 화장실에 간 척 나와 거울로 얼굴을 살펴봐도 내가 보기에는 평소 그대로였다. 다른 친구에게 슬쩍 "야, 내 얼굴빛이 진짜 그렇게 안 좋아 보이냐?" 묻자 "글쎄, 내가 볼 때는 더 좋아 보인다. 신경 쓰지 마라. 저놈 원래 그래."라고 했다.

술잔이 돌고 돌면서 유쾌하게 떠드는 그 친구를 볼수록 내 기분은 더욱 불쾌해졌고 술자리 중간쯤 이르러서 결국 못 참고 화가 터졌다. 그때는 젊어 괄괄하던 때였다. 나는 그 친구에게 "오랜만에 만났는데 다른 좋은 말 놔두고 왜 얼굴색 가지고 보자마자 사람 기분 나쁘게 하냐? 네 말 들으면 안 아픈 사람도 아픈 사람 되겠다. 개새끼야." 하고는 자리를 박차고 나와버렸다. 그 일 이후 그 친구에게 일부러 연락해 본 적이 없고, 어쩌다 모임에서 봐도 말을 안 섞는다.

어떤 선배가 자기 동창 중에 친구라고는 없는 외톨이가 하나 있는데 이유가 평소 말을 고약스럽게 하는 탓이라고 했다. 어느 날엔가 암으로 투병하는 동창 문병을 가서 다들 "힘내라, 요새는 의술이 좋아져서 어지간한 암도 다 고친다더라. 의사가 하자는 대로 잘 치료 받으면 완쾌될 거다." 뭐, 이럴 때 그 친구가 불쑥 "야, 너 보니까 틀렸다. 가족들 준비해야 쓰겠다." 하더란 것이다. 문병을 마치고 나와 그 친구에게 "무슨 말이 그렇게 심하냐?" 했더니 그 친구 왈, "나는 맘에 없는 소리는 못하겠더라고" 하더란 것이었다. 이런 사람이라 그가 자식 혼사를 치르는데 동창들 보기가 어려웠다고 했다.

　나는 1982년 서울로 대학 유학을 와서야 떡볶이 맛을 제대로 알았다. 서울역전 포장마차에서 가래쌀떡 떡볶이를 처음 먹었을 때는 세상에 이런 별미를 여태 몰랐냐 싶어 눈물이 날 지경이었다. '길거리 떡볶이 장사라도 해야지…' 라고 말하는 것은 경제사정이 최악이라는 뜻이다. 라면만 해도 식당 점포가 아닌 포장마차로는 어렵다. 언젠가 어떤 유명한 이가 평소 "떡볶이는 훌륭한 음식이 아니다"고 얄밉게 말을 해 여러 사람 미움을 샀는데 마침 기회가 닿아 요직에 앉으려다 시민 저항에 부딪혀 물러나는 일이 있었다. 내 생각에는 아무리 전문가로서 소신이 그렇다 해도 떡볶이 팔아 가족 생계 꾸려나가는 가장들 생각을 해서라도 그런 공개적 발언은 삼가야 했다. 그걸로 호구지책 하는 사람이나 맛있게 사먹는 사람이 얼마나 많은가. 뿌린 대로 거둔다는 말이 그냥 생긴 것이 아님을 한 번 더 실감하는 계기였다.

　말 한 마디로 천 냥 빚을 갚는다. 가는 말이 고와야 오는 말도 곱다. 말 많이 해서 좋을 것 없다지만 말은 돈이 한 푼도 들지 않는 치명적 장점이 있다. 상대방이 들어서 기분 좋을 말은 '너무 표 안 나게' 가식적으로 과장해서 너스레를 떠는 것이 좋다. 오죽하면 정호승 시인이 『내 인생에 힘이 되어준 한 마디』 책까지 냈겠는가.

'공부와 아부'는 평소에 해야 한다. 갑자기 하면 표만 나고 효과도 없다. 반대로 말은 한 번 뱉으면 주워 담을 수가 없으므로 상대방이 들어서 기분 나쁘거나 기를 꺾는 말은 가급적 안 하는 것이 좋은데 이 이야기는 [함부로 충고하지 않기]에서 다시 하겠다. 글마다 천(千) 자 내외로 쓰려고 노력하는데 말조심하자는 말이 좀 길어졌다. 아래는 2016년 8월 24일 페이스북에 올린 글이다.

임플란트 치아 점검 때문에 택시를 탔다.

기사) 무척 피곤해 보이시네요?

나) 그래요? 괜찮은데요...

기사) 어디 아프세요?

나) 아닌데…… 이보쇼, 차 세워요!

말 한 마디로 천 냥 빚도 갚는데 세상천지 좋은 말 놔두고 언제 봤다고…!

"무엇보다 칭찬은 우리에게 가장 좋은 식사이다"

-S.스마일즈-

"사람들은 곧잘 따끔한 비평의 말을 바란다고는 하지만 정작 그들이 마음 속으로 기대하고 있는 것은 비평 따위가 아닌 칭찬의 말이다."

-W.서머셋-

함부로 충고하지 않기

44

'내가 너니까 솔직히 말하는데 내 말 기분 나쁘게 듣지 말고…' 이러면서 하는 말은 틀림없이 기분 나쁘다. 사람에 따라 좋은 말 해줘서 고맙다 하기도 하고, 겉으로는 그리 말하면서 돌아서서는 '흥! 제까짓 게 뭔데' 하는 사람도 있다. 경우에 따라서는 앉은 자리에서 화를 내는 사람도 있어 관계가 틀어지기도 한다.

가까운 사이라도 '충고'는 가급적 삼간다. 섣불리 충고랍시고 했다가 좋았던 관계가 서먹해진 경험 탓이다. 어쩔 수 없이 충고를 할 때도 상대방 기분 상하지 않도록 조심스럽게 한다. 옛날에는 충고라고 늘어놓을 때 상대방이 '응응' 하면 내가 현자(賢者)라도 된 것 같아 기분이 우쭐하고 그랬지만 지금은 '감히 내가 누구에게 이래라, 저래라 충고할 자격이 되는 사람인가' 되물었을 때 스스로 얼굴이 빨개지는 탓이다. 내가 걱정 안 해도 남들은 다 잘하고 있으니 나만 잘하면 된다.

良藥苦口 忠言逆耳 (양약고구 충언역이), 좋은 약은 입에 쓰고 바른 말은 귀에 거슬리는 법이다. 거슬린다는 말은 기분을 상하게 한다는 뜻이다. 『삼국지』에 보면 주군인 조조에게 충언을 꺼리지 않았던 순욱은 출중한 능력에도 불구하고 조조 눈 밖에 나 결국 스스로 목숨을 끊어야 했다. 반면 『삼국지』 최후의 승자인 사마의 중달은 같은 말이라도 조조가 기분 나쁘지 않게 하면서 때를 기다린 탓에 손자 사마염이 진나라를 세웠다. (『결국 이기는 사마의』 더봄 출판). 항우를 꺾고 한나라를 세운 유방의 일등공신 장자방도 늘 유방의 말을 충분히 들어주면서 그가 기분이 좋을 때 조심스럽게 충언을 했다. (『제왕의 스승 장량』 더봄 출판).

그러나 자식에게 하는 충고는 다른 문제다. 그가 세상일을 현명하게 판단하고 대처하기에는 아직 경험이 부족하므로 인생을 먼저 산 선배로서 지름길을 알려주거나 이정표를 제시하는 것은 '쓴소리'를 떠나 부모로서 매우 중요한 역할이다. '자식은 믿고 기다리면 반드시 돌아온다.'는 선배들 말을 믿으며 충고는 하되 가급적 잔소리하지 않으며 기다리는 중인데 마음은 한없이 답답하고 울적하다.

"무릇 사람은 물러날 때와 나아갈 때를 알아야 한다."

- 사마의 중달-

기막힌 반전의 충고

~~~~~~~~~~ 45

2018년 어느 날 정치업계 선배로부터 전화가 왔다. 유명한 고위직 인사의 연설 비서관(메시지 라이터) 자리가 비었는데 해볼 생각이 있으면 면접을 주선하겠다는 제안이었다. 해당 인사가 특히 글쓰기에 워낙 까다롭기로 소문이 나있던 터라 딱 하루만 생각해보겠다고 했다. 자의적으로 결정하기 쉽지 않아 그 인사를 잘 아는 다른 선배에게 전화를 걸었다. 평소 교류가 잦아 허물없이 지내던 선배였다. 이런저런 잡설 끝에 대화는 본론으로 들어갔다.

나) 모 인사 연설 비서관 자리가 비어서 블라블라블라……

선배) 너랑 그 양반이 정치철학이 같다고 생각해?

나) 정치철학은 무슨. 그냥 맞춰나가야죠. 어차피 먹고 살자고 하는 일인데.

선배) ……

나) 왜?

선배) 야 임마! 앞으로 어디 가서 내 후배라고 하지 마라. 너 그렇게 안 봤는데 아주 형편없는 놈이네. 전화 끊어!

나) 아니 지금… 아니면 아니라고 하면 되지. 무슨 말을 그렇게 심하게 하는 거여?

선배) 야야야, 때려쳐 임마. 이것도 못 참는 놈이 뭐? 아무개 연설 비서관? 날 샜어, 임마!

나) 와… …. 아이고… … 이런 … …

선배) (웃으며) 가지 마라. 너는 안 맞아.

결국 선배의 재치 있는 충고를 받아들여 면접 추진은 없던 일이 됐다. 면접을 봤다고 해서 합격이 보장됐던 것은 아니지만 인생의 중요한 고비에서 충고 한 번 아주 화끈하게 잘 들었던 기억은 선명하다.

프로스트의 시 '가지 않은 길'처럼 그때 그 사람 연설 비서관이 됐더라면 내 삶이 어떻게 풀렸을지 상상은 하지 않는다. 역사에 가정은 전혀 의미가 없으므로. 남에게 뭔가 자문을 하거나 충고를 할 때면 상대방 기분 나쁘지 않게 재치를 발휘하는 것이 좋다는 말이나 여기에 남기는 것으로 만족한다.

"

"자기보다 더 현명한 충고를 해 줄 수 있는 사람이 있을까? 내면의 소리에 귀 기울이면 실수하지 않을 것이다."

-키케로-

"

자식을 믿고 기다리기

'자식 이기는 부모 없다'는 말은 부모 자식 간에 의견이 다를 때 항상 자식 의견대로 된다는 뜻은 아니다. 자식이 부모 뜻과 다르게 자기 하고 싶은 일, 살고 싶은 인생에 필이 꽂혔는데 그게 사람들에게 욕먹거나 감옥 갈 일이 아니라면 부모는 끝내 자식이 가는 길을 막지 않는다는 뜻이다. 자식이 자기 갈 길을 명확하게 설정한 후 당당하게 걸으면 속으로는 오히려 대견스러워 응원까지 하게 되는 것이 부모 마음이다. '내 자식 키우면서 남 자식 흉보지 말라'는 말도 내 자식 또한 어찌 될지 모르니 자만하지 말라는 뜻이다. 그만큼 부모 뜻대로 안 되는 것이 자식 농사다.

아들이 서른이 가까워 오는데 아직 자기 자리를 못 잡고 좁은 고시원 방에 들어앉아 있어 마음이 답답하고 안됐다. 다행히 나보다 먼저 자식을 길러낸 선배 여럿이 경험을 근거로 '자식 키워보니 끝내 돌아오더라. 믿고 기다려라'는 말이 그나마 위안이 돼 희망을 잃지 않고 있다. 선배들이 특히나 자식은 부모가 '믿어주는 것'이 중요하다며 늘 '잘 한다, 잘 한다' 하라고 해서 그렇게 하고 있다. '서른 넘어도 자식은 반드시 돌아온다.'고 하니 그것도 좀 위안이 된다.

　나는 지금 내 아들을 믿고 기다린다. 선배들 경험도 들었으니 내 아들도 자기 길을 찾은 후 돌아오리라 믿으며 기다린다. 재산 많은 아버지가 아닌 내가 그거 말고 달리 해 줄 수 있는 일도 없다. '자기 밥그릇 자기가 타고 난다'고 하니 뭐 어떻게든 되겠지.

> "후생가외(後生可畏), 젊음 자체를 존중하라.
> 젊은이가 나중에 어떤 사람이 될지는 아무도 모른다."

정치인 금송아지보다
내 집 쌀 한 톨이 소중했다

~~~~~~~~ **47**

누군가가 미워 흉보고, 욕을 해도 분이 풀리지 않으면 증오(憎惡)와 저주(詛呪)를 하게 된다. 증오는 누군가를 죽이고 싶을 만큼 미워하는 것이고, 저주는 죽어버리라고 주문을 외우는 것이다. 이 단계가 되면 상대를 동등한 인권을 가진 인간으로 보지 않는 혐오(嫌惡)병이 찾아온다. 문제는 나의 증오, 저주, 혐오에도 불구하고 상대는 까딱없이 잘만 산다는 것이고, 그랬을 때 그 모든 분노의 대가는 내 가슴과 머릿속을 화(火)로 가득 채웠다.

가까운 개인 간에 그런 문제가 생기면 끝내는 정녕코 안 봐버리면 그만이었다. 아는 게 병이고, 모르는 게 약이라 안 보면서 세월이 흐르면 그런 마음도 녹아버렸다. 문제는 정치였다. 이권이든 이념이든 정신적 만족이든 정치에 깊이 몰입되면 증오와 저주, 혐오도 강해지고, 대상도 늘어났다. SNS로 발언 기회가 많아져 뜻이 다른 사람의 공격에 마음속 증오를 표출하지 않으면 견딜 수 없었다. 친했던 사람과 정치적 의견 충돌로 싸우다 인간관계를 끊는 일도 흔했다.

그렇다고 내가 지지하는 정당과 정치인이 잘 되고, 심지어 대통령이 되도 내 집에 공짜로 쌀 한 톨, 커피 한 잔 생기는 것도 아니었다. 권력은 온전히 잡은 사람 것이었지 응원한 내가 나눠 쓸 권력은 눈곱만큼도 없었다. 내가 진영으로 나뉘어 반대파와 박 터지게 싸우고 있을 때 정작 권력자들은 먼 후손까지 잘 먹고 잘 살 재산을 모았고, TV 카메라가 없는 곳에서는 적이냐 동지냐, 내 당이냐 네 당이냐 구분 없이 끼리끼리 폭탄주 돌리며 친하게 놀고 있었다. 9부 능선 위에서는 권력자들끼리 그렇게 한 편인데 저 아래 3부 능선에나 있는 대중(大衆)인 나는 뭣도 모른 채 분노와 한탄으로 내 가슴에 화를 쌓았던 것이다. 화가 계속 쌓이면 결국 병이 찾아온다.

한 때 그랬다는 말이다. 어느 순간 세상이 나를 중심으로 돌아야 한다는 각성이 찾아왔다. 남의 집 금송아지보다 내 집 쌀 한 톨이 더 소중한 것이라는 자각이 들었다. 오로지 내 삶에 집중하지 않고, 내가 아닌 남을 추종하고 숭상하는 삶이 쪽팔렸다. 내가 출마해 정치를 할 것이 아니라면 정치는 정치인에게 맡기고 나는 투표로 내 의견 표시하면 되는 것을, '저 사람 밥은 먹고 다니나'란 측은지심을 얼마나 많은 사람들이 나에게 보냈을까 생각하면 쓴웃음이 난다.

"도광양회(韜光養晦), 칼날의 빛을 칼집에 숨기고
어둠 속에서 실력을 기른다."

"적을 증오하지 말라. 증오는 네 판단을 흐리게 한다"

-영화 '대부' 주인공 돈 비토 꼴레오레-

안된 사람
조롱하지 않기

SNS로 정치, 사회문제에 참여가 왕성해 패로 나뉘어 벌어지는 싸움도 격렬하다. 정치노선, 양성평등, 성소수자, 양심적 병역기피 같은 큰 문제부터 친구와 술 마시다 실종돼 죽은 남학생 문제까지 전선도 다양하다. 언론까지 본분을 포기한 채 어느 한 편이 돼 선동하는 싸움터에는 광기에 쌓인 집단적 증오, 저주, 혐오가 넘쳐나 어떨 때는 이러다 무슨 사태라도 터지나 정말 무섭다.

사람이 지은 죄에 사회가 부여하는 최고 형벌이 감옥에 가두는 것과 사형이다. 감옥에 가 본 사람들은 그곳이 얼마나 견디기 힘든 곳인 줄 안다. 가 본 사람은 '감옥은 나오는 맛에 들어간다.'고 한다. 힘든 감옥에서 나올 때 기분은 구름 위를 걷는다. 그만큼 감옥살이가 힘들다는 역설이다. 사람이 지은 죄에 신이 내리는 최고 형벌은 죽음이다. 스스로 죽든 죽임을 당하든 죽음 앞에 모든 죄는 원인무효다. '공소권 없음'으로 아무것도 없는 무(無)로 돌아간다.

천인공노할 패륜 악행을 저지른 악마나 짐승이라면 모를까 보통의 죄에 벌을 받아 감옥에 갇히면 그걸로 됐다고 생각해 그를 더 이상 비난하거나 조롱, 야유하지 않는다. 벌을 받는데도 조롱하고 야유하는 마음은 너무 잔인하다. 살다 보면 누구나 어찌어찌 그리될 수 있는 것이 인생이다. 하물며 죽음으로 끝난 사람에게 저주나 증오, 조롱을 보내는 것은 타인에 대한 배려심이 1도 없다는 반증이다. 그럴 때는 차라리 아무 말도 하지 않는 것이 짐승과 다른 사람의 자세다. 안타깝게 죽은 사람을 추모하는 것은 이와는 다른, 숭고한 마음이다. 그렇게 살려고 노력한다.

"상대가 비록 불쾌한 말을 하더라도 오히려 적극적으로 그 이야기를 들어주어서 조금이라도 상대의 의견을 존중하는 태도를 가져라. 그렇게 되면 상대도 당신의 의견을 존중하게 될 것이다."

– 벤자민 프랭클린–

솔직하면 오히려
이득이었다

~~~~~~~~~~~~ 49

세상만사 차라리 솔직했을 때가 속이 편했다. 난관에 부딪힌 일도 최대한 이득을 보거나 손해를 될수록 덜 보는 쪽으로 해결됐다. 스스로에게 솔직하면 반성도 사과도 잦았지만 오히려 마음은 떳떳했다. 물론 '생각대로 말했더니' 대부분 인간관계가 단절됐다는 독일 사람의 실험결과가 말하듯 선의의 거짓말은 좋은 관계유지를 위해 꼭 필요하다. 악의의 거짓말, 남을 속여서 이익을 취하거나 다른 사람을 거짓말로 모략해 그에게 피해를 끼치는 언행은 시간이 지나면 내가 거짓말 했다는 것이 어떻게든 드러남으로써 그 대가를 치러야 했다. 그때마다 업보(業報)라든가 '뿌린 대로 거둔다'는 말이 아주 평범한 법칙임을 실감했다.

대학 1학년 첫 중간고사를 치를 때였다. 재무행정은 외울 것이 많다 보니 여러 친구들이 자기만의 비법을 동원한 컨닝 페이퍼를 준비했다. 시험시간이 되자 다른 과목과 달리 시험감독 하는 조교 없이 교수님 혼자 들어오셨다. 다들 어리둥절해있는데 시험지 배포를 끝낸 교수님께서 "거, 너희들 말이야. 점수 몇 점 가지고 인간성 더럽히지 마라. 답안지 다 쓰면 교탁 위에 올려놓아라."고 딱 한 마디 하시고는 교실을 나가버렸다. 생각지도 못한 무감독 시험이었다. 교실은 잠깐 침묵이 흘렀는데 한 친구가 쓴웃음을 지으며 준비했던 컨닝 페이퍼를 뭉치더니 교실 뒤로 던져버렸다. 나도 컨닝 페이퍼를 준비했지만 꺼내지 못하고 시험을 치렀다. 후일담을 나누자니 컨닝 페이퍼를 준비한 대부분 친구들이 그날 그랬다.

사회생활은 그깟 점수 몇 점 때문에, 그깟 돈 몇 푼 때문에, 알량한 체면이나 자존심 때문에 거짓말을 지어서 해야 할 때가 많았다. 그때마다 재무행정 교수님이 생각났다. 대기업 영업부에서 신참으로 일할 때였다. 인터넷, 핸드폰이 나오기 전이었다. 하루는 전날 과음으로 힘들어 아침 영업회의 때 보고했던 거래처 방문을 않고 목욕탕에서 잠을 잤다. 선배 영업사원들에게 흔한 일탈이라 들었으므로 오후에 돌아와 과장에게 갔다 온 것으로 적당히 둘러댔다. 얼마 후 부장이 불렀다. 그날 혼이 많이 났다. 부장이 이미 거래처에 확인까지 한 터라 도망갈 구멍도 없었다. 부장의 요지는 내 거짓보고를 그대로 믿고 회사에 보고했다가는 나중에 100% 부서가 곤경에 빠진다는 것이었다. 과장이 저녁을 사며 내가 신참이라 그런 행위가 습관 될까 봐 부장이 맘먹고 그런 것이라 했다. 취한 퇴근길에 재무행정 교수님이 또 생각났다. 쪽팔려 쓴웃음이 났다.

그때 이후 난관이나 곤란에 처하면 '그까짓 점수 몇 점에 거짓말하지 말자. 쪽팔리잖아!'를 떠올리며 살다 보니 힘들면 차라리 과장에게 '너무 힘드니 목욕탕 가서 좀 쉬겠다.'고 이실직고 하는 것이 오히려 내게 이득이라는 사실을 깨달았다. 그 사실을 알게 되면서 부당한 이익을 위해, 궁지에서 빠져 나오려고 거짓말을 만드는 행동이 줄어든 대신 솔직한 행동이 늘었다.

거짓말 한 번 않고 평생을 살았다는 사람은 그 말부터 거짓말이다. 사회생활에 거짓말을 일체 안 한다는 것은 불가능하다. 가급적 솔직해야 마음도 편하고 오히려 이득이 된다는 것을 자주 체험하는 것이 답이다. 사소한 거짓말이든 큰 거짓말이든 거짓말을 자주 하면 습관이 되는데 그게 무서운 거다. 남을 속여 성공하려는 거짓말은 더 큰 거짓말로 덮어나가야 하는데 그러다가 오랫동안 쌓은 모든 것을 잃는 사람을 여럿 보았다. 거짓말은 남이 아니라 나 자신을 파멸시킨다.

"

"거짓말을 자꾸 하면 참말을 했을 때도 사람들이 믿지 않는 것으로 벌을 받는다."

-양치기 소년-

"작은 거짓말로 자신을 덮으면 그 거짓말을 덮기 위해 더 큰 거짓말이 필요하다. 결국 거짓말에 자신이 다 덮이면 스스로를 잃게 된다. 그것을 파멸이라고 한다."

-불가 전언-

"

일어나 버린 일은
되돌릴 수 없다

이 글은 비록 실명을 밝히지 않더라도 당사자가 읽으면 알 수 있을 것이라 조심스럽다. 그래서 두리뭉실하게 쓴다. 단골로 다니던 동네 A의원에서 시술을 하는데 의사의 실수가 발생했다. 이비인후과에 있는 흡입기구를 이용하면 쉽게 해결된다며 근처 종합병원 응급실로 A의사와 함께 달려갔는데 엉뚱하게 입원과 마취수술을 진단했다. A의사와 협의 끝에 다시 A의원으로 되돌아와 우여곡절 끝에 문제를 해결하고 원래 하기로 했던 시술을 마칠 수 있었다.

그로 인해 한 시간 정도 걸렸을 시술이 5시간 넘게 걸렸다. 그 우여곡절도 나중에 되돌아보니 정말 운이 좋았던 것이었고, 그렇지 않으면 해결과정에서 또 어떤 일이 일어났을지 지금 생각하면 아찔하다. 하여간 그 5시간 동안 미안해하는 의사에게 일체 화를 내지 않았다. 그가 고의로 그런 것도 아닐뿐더러 화를 낸다고 문제가 더 잘 해결될 리 없었기 때문이다. 의사와 문제를 논의하며 같이 대책을 찾다 보니 운 좋게 해결이 됐고, 치료비 할인도 받았고, 지금도 단골로 잘 다니고 있다. 그날 시술도 아주 잘 됐다.

가족들을 차에 싣고 횡단보도에서 신호대기 중인데 뒤에서 다른 차가 추돌을 했다. 사고신고를 했는데 상대가 음주운전이었다. 가족들까지 탔으니 병원에 입원하면 합의금을 꽤 많이 받을 수 있었지만 아무도 입원하지 않았고, 내가 본 피해만큼만 보상을 받았다. 입원할 만큼 다친 사람이 없었고, 그 보상금으로 집을 살 것도 아닌데 상대의 약점을 이용해 보상금을 더 뜯어내는 일은 평소 그런 사람들을 비난했던 입장에서 양심이 꺼렸다.

아내가 아파트 단지 주차장에서 차를 후진하다 단지 주민이 모는 차를 가볍게 추돌을 했는데 상대 운전자가 병원에 입원해 보험사로부터 최대한 보상금을 받아냈던 일이 있었다. 그때 너무 화가 나서 당사자에게 복수할 방법을 찾고 있을 때 선배 한 분이 "차라리 꽃을 사서 병문안을 해라. 그것이 그 사람 심장에 바늘을 꽂는 일이다."는 현명한 충고를 받들었더니 시간이 흐르면서 그냥 잊혔다. 한동안 그 주민은 아파트 주변에서 우리와 마주치면 얼굴을 못 들고 도망치듯 피하다 언제인지 모를 때 이사 가고 안 보였다.

나는 가령 식당에서 주문한 음식이 나왔는데 작은 머리카락 하나가 음식에 빠져있으면 일행들 모르게 슬쩍 제거하고 그냥 먹는 편이다. 그것을 문제 삼아 주인에게 큰소리치면 사과 받고 음식을 다시 받을 수는 있겠지만 맛있게 음식을 즐기려던 동반인들 기분도 있고, 식당 주방장도 일부러 머리카락을 빠뜨린 것도 아닐 텐데 작은 실수는 그냥 넘어가는 것이 차라리 내 맘도 편하다. 물론 음식에 파리가 빠져있었다면 그것은 나도 참지 않는다. 아이들이 어렸을 때는 아빠가 식구들과 밖에 나가 타인들과 어떤 문제가 생기면 자꾸 양보하고, 그냥 넘어가고, 다툼을 피하려고만 하는 태도가 마음에 안 들었는지 내게 항의를 하기도 했지만 크면서는 타인의 작은 실수는 그냥 가볍게 넘어가 주는 것이 서로에게 더 좋다는 것에 동의하는 분위기다.

이미 일어나버린 일인데 그것이 타인의 고의가 아닌 실수였고, 그가 실수를 인정하고, 나에게 큰 피해를 끼치는 문제가 아니라면 그냥 좋게좋게 넘어가는 것이 결과가 좋고, 마음도 편했다. 흘러버린 냇물로 물레방아를 돌릴 수는 없으니까.

"같은 강물에 두 번 발을 담글 수 없다."

– 헤라클레이토스 –

"내 삶의 여유는 누구의 여유를 빼앗는 것이 아니고, 신기하게도 상대방에게 내 것을 양보하고 내 것을 내어줌으로써 얻을 수 있는 요상한 것이다."

– 마종기 「우리 얼마나 함께」 중 –

의미 없는 말싸움
하지 않기

51

누구나 말싸움에서 지는 것은 싫다. 승부근성이 센 사람은 더하다. 서로 말싸움 자주 하다가 관계가 멀어지고, 술자리에서는 주먹다툼으로 번져 일이 커지는 경우도 다반사다. 옛날에는 누구랑 말싸움을 하면 어떻게든 내 의견과 다른 의견을 가진 상대가 틀렸다는 주장을 하기위해 기를 썼는데 요새는 상대 말이 맞으면 금방 수긍하고, 내 의견이 틀렸음을 인정해버린다. 정치문제, 역사해석, 사회갈등, 인생철학 등 분야를 막론하고 누구와 대화를 하든 그렇다. 내 주장 빡빡 우겨서 관철이 된들 그게 뭐 그리 대단한 일도 아니고, 사람마다 자기 생각이 있어서 누구 한 사람을 내 생각에 일치하게 설득하는 것이 보통 힘든 일이 아니기 때문이다.

일본 작가 무라카미 하루키가 "설명이 필요한 사람은 설명을 해줘도 모른다."는 말뜻을 처음에는 몰랐으나 이제는 안다. 자기 세계에 빠져있는 사람은 누가 옆에서 뭐라고 하든 자기가 보고 싶은 것, 듣고 싶은 것만 선택해 보고, 듣기 때문이다.

말싸움에 안 지기 위해서 빠득빠득 다투는 것이 싫어졌는데 그게 부부싸움 많이 안 하게 되는 것과 이유가 같다. 그렇게 싸워봐야, 싸워서 이겨봐야 다 부질없더라는 것이다. 누가 나와 다른 주장을 하면 굳이 그게 틀렸다고 막 대거리를 하기보다 '네, 그렇군요. 아, 그런가요?' 하면서 들어주면서 '아, 저 사람은 저렇게 생각 하는구나' 하고 말면 그만이다.

SNS에서도 마찬가지다. 나와 의견이 다른 글이 눈에 띄면 이러쿵저러쿵 다 퉈도 서로 신뢰가 있는 사이가 아니면 그냥 지나치지 굳이 반대 의견을 제시하지 않는다. 내 글에 누가 반박을 해도 친한 사이 아니면 대응하지 않고 그냥 내버려둔다. 의견 다른 사람 설득하려고 해봐야 쉽지 않고 말싸움만 길어진다. 정치든 사회 이슈든 결정권 없는 사람끼리 막 논쟁하며 입에 거품 물고, 얼굴 붉혀 봐야 내 현실이 달라지는 것 하나 없이 피곤하기만 했다. 정치인에 대한 호불호가 특히 그렇다. 각자 본질은 먹고 사는 일인데 남 때문에 내가 싸우며 살 일이 없다. 내 맘에 드는 정치인에게 투표만 잘하면 된다.

"설명이 필요한 사람은 설명을 해줘도 모른다."

–무라카미 하루키–

습관적으로
빈대 붙지 않기

술 중 최고는 입술이 아니다. 공술도 아니다. '내가 사는 술'이다. 이 말을 실감해보려면 아는 지인들 모아 '오늘은 제가 살 테니 편하게들 드시라'는 술자리 한 번 가져보면 된다. 젊어서는 각자내기가 자연스럽지만 나이 들수록 돈을 많이 벌거나 쌓은 사람이 지갑을 여는 것이 자연스러워진다. 회비 모임을 갖는 동창회나 동호회라면 모를까 나이 들어서 각자내기로 만나는 관계는 많지도 않고, 가까운 관계라고 할 수도 없다. 동창회나 동호회도 회비와 별도로 돈 있는 사람이 지갑을 여는 일은 흔한 문화다.

내가 사는 술자리가 평가를 받으려면 그것으로 뻐기지 말아야 한다. 마치 자기가 술밥 사니까 대장이다 싶게 말 많이 하고 뻐기면 사고도 욕먹는다. 그런 사람이 내는 자리라 하면 '그 새끼 사는 거 더러워서 안 먹는다.'는 사람도 생긴다. '지갑은 열되 입은 닫으라'는 말이 그래서 생겼다.

이 사람 말고도 욕먹는 사람은 빈대 붙기가 습관이 된 사람이다. 가진 재산이나 수입으로 봤을 때 한 번쯤은 살 법도 한데 절약정신이 몸에 엄히 배서 공평하게 걷는 회비 말고는 한 번도 '내가 사겠다'는 말을 안 하고, 남이 사는 것은 빠짐없이 참석하는 사람이다. 인간관계를 적당히 유지하려면 남이 두 번 사면 한 번은 내가 사야 한다. 그러려면 열심히 벌어서 적당한 경제력을 갖추어야 한다. 그렇지 않으면 시간이 갈수록 교류하는 인맥 폭이 좁아진다. 돈이 초래하는 원치 않는 고립이다. 어쩔 수 없다.

나 역시 60세가 넘으면 '글쓰기' 수입으로 '내가 사는 술'을 가끔 낼 수 있는 능력을 갖추기 위해 이렇게 틈만 나면 열심히 글쓰기를 하고 있다.

"가장 맛있는 술은 공술이 아니라 '내가 사는 술'"

어젯밤 술자리는 잊기

30~40대에는 술을 많이 마셔 전날 기억이 흐릿하면 같이 마셨던 사람들에게 전화를 걸어 어제 술자리에서 별일 없었는지 확인하는 일이 통과의례였다. 음주가무를 좋아하는 반면 주량이 상대적으로 약해 많이 마시면 기억이 끊기는 일이 잦아 혹시 일행이나 주점에 무슨 실수나 하지 않았는지 걱정돼서다. 50대 중반이 넘어가니 그런 전화를 안 하게 됐다. 오래도록 반복해보니 술에 취해도 별일 없는 날이 많아서였다. 또 무슨 큰 실수라도 했다면 연락이 올 것이고, 연락이 없으면 별일 없었겠거니 여기는 여유(?)도 생겼다. 결정적으로 전화해봐야 상대방도 전후좌우 정확히 기억 못 하기는 마찬가지여서 먼저 물어본 나만 감점을 자초하는 것이었다.

반대로 누가 술자리에서 주정이나 주사(酒邪)를 부리며 실수를 좀 해도 폭력적이거나 경찰을 부를 만큼 심각한 문제를 일으키는 정도만 아니면 대충 넘어간다. 누구나 술에 취하면 맨 정신이 아닌 것은 당연하니까. 대학 신입생이던 10대 후반부터 지금까지 숱했던 술자리를 현재 기준으로 되돌아보면 '여러모로 다양하게' 별일이 많았다. 다만, 같이 마셨던 사람들이 이해 해줬거나 시절과 운이 좋아서 큰일을 치르지 않았을 뿐이다.

시대와 인식이 변하고 기술도 눈부시게 발전한 탓에 술 마시고 실수해 한 방에 훅 가는 사람을 종종 보는 터라 요즘은 워낙 조심 중이다. 하지만 술에 취한 상태에서 SNS나 카톡방에 접속했다가 감정조절이 안 돼 욱하는 사고를 친 후 술이 깨면 수습하느라 진땀을 뺀 적도 여러 번이다. 언젠가는 페이스북에서 공개사과를 요구받아 그렇게 한 적도 있다. 그래서 요즘은 술을 마시면 깰 때까지 아예 SNS에 접속하지 않는 습관을 들이려고 무진 애를 쓰는데, 잘 안 된다.

"남들이 당신을 어떻게 생각할지 너무 걱정하지 말라. 그들은 당신에 대해 그렇게 많이 생각하지 않는다."

-엘레노어 루스벨트-

인생나무 벼랑 끝 소나무

~~~~~~~~~~ **54**

현재까지는 절경보다 건강을 위해 등산을 하는 편이라 100대 명산이나 백두대간을 찾기보다 가까운 주변 산이나 다니지만 어느 산이든 경치는 있기 마련이다. 사람은 자기 관심사에 따라 눈에 먼저 띄는 게 다르다. 같은 산을 오르더라도 요리사는 먹거리가 될 산나물이, 목수는 기둥으로 쓸 나무가, 땅투기꾼은 산기슭에 돈이 될 만한 땅부터 눈에 띄게 돼 있다.

내 눈에는 높은 벼랑이나 바위틈 같은 척박한 곳에 어렵게 뿌리 내려 굳세게 자란 나무가 항상 먼저 눈에 띈다. 그런 나무는 주로 소나무다. 집필실과 집에 걸어둔 사진도 설악산 높은 절벽 중간에서 홀로 자라는 소나무, 눈 쌓인 소백산 주목이다. 길을 걸을 때면 보도블럭 틈이나 콘크리트 담장을 뚫고 자란 민들레, 육교 계단 틈바구니에서 자라는 잡초가 눈에 띄고 애정이 간다. 연민의 정이자 동지애다.

대학을 졸업하고 기자 공부한다며 2년을 허비했지만 공부를 제대로 안 한 탓에 실패하고 대기업에 뒤늦게 입사한 후 내 삶은 2년 논 탓에 기자가 못 된 대가를 혹독하게 치렀다. 홍보팀에서 일할 때는 기자가 갑이고 내가 을이었다. 홍보대행사를 운영했을 때는 기자가 천하 갑(甲), 거래처 담당 라인(직원. 대리. 과장. 차장. 부장)이 을(乙), 나는 을도 못 되는 병(丙)이었다. 그 과정을 지나오면서 내 마음속에 벼랑 끝 소나무가 자리를 잡은 것임이 분명하다.

지금도 어렵고 힘든 난관 앞에 서면 북한산, 관악산에 일부러 가 모진 벼랑이나 바위 덩어리에 붙어 굳세게 자라는 소나무를 한동안 바라본 후 돌아온다. 그러면 문제 해법도 보이고 힘도 난다. 온실의 화초처럼 살면 좋겠지만 거친 들판에 잡초처럼 비바람 견디며 살아내는 삶도 돌아보면 보람되고 뿌듯하다. 필명을 '야매'(夜梅: 밤에 피는 매화)로 정한 이유도 뿌리가 벼랑 끝 소나무에 닿는다.

"내일의 나는 오늘의 내가 만든다."

-제임스 앨런-

"'노(NO)'를 거꾸로 쓰면 전진을 의미하는 '온(ON)'이 된다. 모든 문제에는 반드시 문제를 풀 수 있는 열쇠가 있다. 끊임없이 생각하고 찾아내라."

-노먼 빈센트 필-

베면 잡초 품으면 꽃이더라

惡將除去無非草 (악장제거무비초) 베려 하면 잡초 아닌 것이 없지만
好取看來總是花 (호취간래총시화) 가꾸려 하면 꽃 아닌 것이 없다

'베려 하면 잡초이나 품으려 하면 꽃 아닌 것이 없다'는 말은 진짜 멋지다. 길가 보도블럭 사이 잡초가 콩알 크기 꽃을 피운 것을 보면 꼭 핸드폰에 사진으로 담는다. 품으려 하면 꽃 아닌 것이 없다고도 하고, 나이를 먹은 탓이기도 하다. 베란다에 화분들도 원래 심었던 나무와 함께 이름 모를 풀들이 알아서 싹을 내밀어 커도 뽑지 않고 내버려둔다.

그렇게 자란 풀은 내가 알아보는 민들레, 개망초, 강아지풀, 달개비(닭의장풀), 애기똥풀, 괭이밥, 클로버, 제비꽃에다 무슨 풀인지 모르는 것들까지 종류가 다양하다. 개 중에는 풍란을 붙여 키우는 돌(석부작)의 0.5mm도 안 되는 틈에서 자라는 키 1cm가 채 안 되는 풀도 있다. 봄여름으로 새끼손가락보다 작은 풀이 쌀알 만한 흰 꽃을 피울 때면 넋을 잃고 한동안 바라보기도 한다.

나리꽃, 옥잠화, 능소화가 예쁘다 한들 그 작은 꽃들의 앙증맞음에 비할 수 없다.

그러나 사람은 그렇지가 않다. 누군가를 대할 때 단점보다 장점을 보려고 노력하라지만 미운 짓을 하면 밉게 보이는 것은 당연하다. 누군가를 좋아해도 장점과 단점은 구분이 돼 보이는데 누군가를 미워하기 시작하면 그가 가졌던 장점도 어느 순간 단점으로 보인다. 시간이 흐를수록 도대체 장점이라고는 찾아볼 수 없는 사람이 돼버린다. 그러므로 남이 나의 장점을 먼저 보게 하려면 그에게 미움 살 일을 안 하는 것이 우선이다. 얄밉도록 자기 이익만 챙기거나, 흉보거나, 배려하지 않거나, 겸손하게 대하지 않는 언행이 대부분 미움을 부르는 일이다. 『손자병법』에 이런 말이 있다.

'적을 알고 나를 알면 백 번 싸워도 위태롭지 않다 (知彼知己 百戰不殆 지피지기(백전불태)). 전쟁에 지는 것은 나의 실수 때문이고, 이기는 것은 적의 실수 때문이다. 적이 나를 살피듯 나를 살펴야 한다.'

'그 사람이 나의 장점을 먼저 보게 하는 것은 내 하기에 달렸고, 내가 그 사람의 장점을 먼저 보는 것은 그 사람 하기에 달렸다.'고 나는 보는 것이다.

“

"적을 알고 나를 알면 백 번 싸워도 위태롭지 않다 (知彼知己 百戰不殆 지피지기 백전불태). 전쟁에 지는 것은 나의 실수 때문이고, 이기는 것은 적의 실수 때문이다. 적이 나를 살피듯 나를 살펴야 한다."

-손자병법 -

”

이제 나라는
후배들에게 맡기기

~~~~~~~~~~ 56

임명묵의 『K를 생각한다』나 최재붕의 『포노 사피엔스』 같은 책들만 봐도 10대부터 90대까지 10년 단위 세대마다 생각이 다르다. 대통령 선거 해인 2022년 현재 내 나이는 만 59세다. 빠르면 이때부터 늦어도 2027년까지 대한민국은 지금 10대 후반부터 50대 중반까지 국민이 주도해 자기들 희망대로 만들고 이끌며 살 나라지 내가 주도할 나라는 아니다. 나라 모습이 이렇게 저렇게 돼야 한다는 것은 전적으로 그들이 결정할 일이고, 나는 그들의 결정을 존중할 것이다.

선거마다 주권자로서 투표는 열심히 하겠지만 교육, 복지, 주택, 외교, 통일 등을 망라한 미래 국가의 모습은 그들이 주도적으로 결정하고, 꾸려나가게 맡겨 둘 것이다. 2022년 대통령 선거에서 화제가 된 '이대남'(20대 남자)의 선택도 마찬가지다. 그들이 선택한 것에 대해 스스로 책임지고, 감당하면 그만이다. 다만, 내 아들과 딸이 그들과 함께 있으므로 나라 발전에 좋은 선택을 하기를 빌 뿐이다.

나는 이제 '이 나라는 이것저것이 문제야. 그러니 어떻게 고쳐야 해'라며 입에 거품을 물거나 광화문에 나가 깃발 휘날리지 않을 것이다. 어떤 자리를 탐하거나, 무엇을 더 얻기 위해 앞에서 설치지도 않을 것이다. 대신 한 발짝 뒤로 물러나 내 건강 챙기고, 돈은 안 벌려도 정말 하고 싶었던 내 일 하면서 세월을 여유만만하게 보내기를 원한다. 그러려면 다 빼고 건강해야 할 텐데 그것은 다분히 '재수'의 영역이라 그저 재수가 좋길 바랄 뿐이다.

다만, 내가 받기로 예정돼있는 국민연금만큼은 절대 내게 불리하게 건드리는 일이 없어야 한다. 그것은 나의 양보 불가한 역린(逆鱗)이자 최종병기 활이다.

"눈 내린 벌판 걸어갈 때에는 어지러이 함부로 걷지 말라. 오늘 걷는 내 발자국이 뒤따르는 이들의 이정표가 되리니.(踏雪野中去 不須胡亂行 今日我行跡 遂作後人程)"

-백범 김구 애송시 -

결국 정상에서
다 만난다

~~~~~~~~~~ 57

대학 졸업 후 언론사 입사 시험에 계속 낙방한 후 대기업에 입사해 홍보 담당이 됐을 때 심리적으로 가장 견디기 힘들었던 일이 출입기자 응대였다. 홍보맨으로서 천상천하 갑인 '기자님' 수발을 드는 업무인데 '나도 열심히 해서 기자시험에 합격했더라면 저 입장일 사람인데… 저 정도 사람도 기자가 됐는데…' 같은 생각이 나를 괴롭혔다. 부장님이 "시간 지나면 다 똑같아진다. 우리 회사 임원 되고, 사장 되면 그때는 기자들이 너를 부러워할 것이다. 다른 회사 직원들과 월급 비교하고 그러지 말아라. 월급 차이는 행복한 인생의 상수가 아니다."는 말을 자주 했다. 해법은 과거를 잊고 현재를 즐기는 것이었으나 말처럼 쉬운 일은 아니었다.

40대가 되니 홍보과장이나 기자나 개인적 삶과 만족도로는 정말 그게 그것이었다. 기자는 기자, 홍보맨은 홍보맨, 심리적 타격은 없어졌고 일은 재미있었다. 기업 홍보실로 전직하는 기자도 있었다. 뒤늦게 북칼럼니스트가 됐으니 돌고 돌아 나 역시 '언론인'이 됐다고 해도 틀린 말은 아니었다. 내가 장차 올라설 정상(頂上)이 어디인지는 사람인 내 능력으로 알 수 없었지만 시간이 흐르면서 각자가 노력에 비례해 지위가 비슷해지는 것은 맞았다.

내가 사는 아파트 옆 단지 관리소장은 전직 대학교수였다. 또 다른 기자 출신 경비원은 살아온 이력을 더듬어 산문집을 냈다. 대학교수에서 은퇴한 어떤 분의 글을 페이스북에서 읽었다. "은퇴자에게 가방끈 긴 것, 전직 교수, 논문 그런 것은 전혀 쓸모가 없다. 모두 똑같은 은퇴자일 뿐이다. 시간이 너무 무료해 아파트 경비라도 하고 싶은데 체면 때문에 아내가 반대해 그것도 못하고 있다."는 것이 요지였다.

나이 먹으면 인격과 자식이 비슷해지고, 돈 많아도 나를 위해 쓸 곳이 줄어들고, 언제 죽을지 모르는 것이 같아진다. 결국 인생은 정상에서 다 만나게 설계돼있다. 고로 '인생은 하고 싶은 일 하면서 그날그날 닥치는 대로 사는 것이 최고'다. 그 옛날 산행 때 선배님들 고견처럼 '겸손한 놈, 건강한 놈이 이기는 놈'이다. 가장 성공적인 정상은 오래도록 내 발로 걸어올라 밟고 서는 관악산 꼭대기다.

"인생은 가까이서 보면 비극이지만 멀리서 보면 희극이다."

−찰리 채플린−

"맹호복초(猛虎伏草).
사나운 호랑이가 숲에 엎드려 사냥감을 기다린다.
꾸준히 실력을 기르면 반드시 기회는 온다."

뿌린 대로
거두는 것을 보다

콩 심은 데 콩 나고, 팥 심은 데 팥 난다. 2020년 여름은 코로나19 바이러스와 전쟁을 치르는 와중에 정치 갈등이 극에 달했다. 일부 종교인, 유튜버, 기자들은 평소 신념보다 단지 개인 이익이나 같은 정치 진영을 편들기 위해 '나라가 망해도 좋다'는 식의 막된 언행으로 국민 갈등을 고조시켰다. 바라보는 입장에서 분노가 극에 달해 뭔가 하지 않으면 견딜 수 없었다. 그래서 작은 인터넷 매체에 연재했던 소설이 『최필동 전』이다. 검색하면 나온다.

염량세태(炎凉世態) 풍자소설 『박사성이 죽었다』 후속작이다. 정치인 뇌물 사건에 누명을 쓰고 경찰에 쫓기다 자살로 위장했는데 사망신고까지 돼버려 노숙자 신세로 떠돌던 박사성이 계룡산 세심암 고승을 만나 전통무술 '서산권법'을 익히던 중 같은 노숙자 최필동이 죽자 쥐도 새도 모르게 최필동으로 신분세탁을 한 후 박사성을 '사망'으로 내몬 자들에게 복수극을 펼치는 것이 줄거리다. 그들은 주로 국가와 사회에 큰 해악을 미치는 자들이었다. 그 중 한 명이 노골적인 극우 친일파로 활동해 돈을 버는 악질 유튜버 현달중 무리였다. 현달중을 응징한 현장에 최필동이 남긴 메모가 '네가 뿌린 대로 거두었도다'였다. 비록 소설이나 정상국가에서 법을 무시한 개인 테러가 합당하냐는 작가적 질문에 부딪혀 1부를 마치고 연재를 중단 중이다.

타인의 사생활 폭로로 악명을 떨치던 유튜버가 돌연 활동을 중단했다는 뉴스가 인터넷을 달구었다. 누군가의 계획으로 폭로된 사생활, 줄줄이 이어진 피해자들과 소송에서 불리한 판결이 임박한 상황 때문이라는 뒷담화가 돌았다. 그 바닥을 훤히 아는 사람들은 그가 파멸을 면치 못하게 됐다며 '뿌린 대로 거두었다'고 진단했다.

뿌린 대로 거두는 현실을 목도하는 것은 그 유튜버 하나만이 아니다. 자신과 정치노선이 다른 유력자를 모질게 공격하고 조롱하며 편파 보도를 일삼던 기자가 뇌물사건에 연루돼 전 국민의 망신을 사면서 프로그램에서 하차했다. 그 기자와 똑같은 행동을 하다가 본인의 파렴치한 범죄행위가 드러나 구속 재판과 함께 정계에서 퇴출되는 국회의원도 봤다.

혼자서 온 우주를 경영해야 하므로 좀 바쁜 탓에 신은 답답할 정도로 느릿느릿 나타나지만 끝내 안 나타나는 경우란 없다. 겨울이 오면 반드시 봄이 오고, 낙엽이 지면 반드시 새잎이 나는 것이 증거다. 하늘의 그물은 넓으나 성기어서 결코 새거나 놓치는 법이 없다는 것 아닌가.

66

"사람을 더럽히는 것은 사람의 입으로 들어가는 것이 아니라 그 입에서 나오는 것이다"

-예수-

99

"같은 샘물인데도
소가 마시면 우유가 되고, 뱀이 마시면 독이 된다.
같은 칼인데도
요리사가 쥐면 맛있는 음식을 만들고,
악인이 쥐면 사람을 해친다."

"GIGO(Garbage In Garbage Out 쓰레기를 넣으면 쓰레기가 나온다.
Gold In Gold Out 황금을 넣으면 황금이 나온다)"

그리스인 조르바로부터
배운 것

59

소설 『연금술사』 작가 파울로 코엘료가 산문집 『흐르는 강물처럼』에서 "작가들에게 가장 감명 깊게 읽은 책이 무엇이냐 물으면 대부분 제임스 조이스의 『율리시즈』라고 대답하는데 막상 그 내용을 물으면 진짜 읽었는가 싶게 횡설수설한다."며 일찌감치 지식인의 허세를 간파했다. 우리나라 성인들에게 인생책을 물으면 『삼국지』라고 답하는 사람이 많은데 조사해보면 제대로 읽지 않은 사람도 꽤 끼어있을 것이다.

소위 식자 중에 『그리스인 조르바』에 감명받았다는 사람이 아주 많다. 읽다가 가슴이 벅차올라 학교 운동장을 마구 뛰었다는 교수도 있다. 그런 분위기에 밀려 『그리스인 조르바』를 억지로⁽?⁾ 읽은 사람이 꽤 있는데 감동적이었다는 사람과 대체 뭐가 대단한 건지 모르겠다는 사람으로 호불호가 갈린다. 후자 중에는 읽는 도중에 책을 던져버렸다는 독자도 많다. 아마 주인공 조르바의 명성 때문에 읽기 전부터 기대가 너무 컸던 탓도 클 것이다.

천상천하 유아독존 (天上天下 唯我獨尊), 조르바는 무소의 뿔처럼 신 앞에 당당하다. "신이 인간을 구원하는 것이 아니라 인간이 신을 구원해야 한다." 고 큰소리치며 신과 대결했다. 신의 계율은 인간의 내면에 충실했던 조르바의 털끝도 건드리지 못한다. 트로이 전쟁 승자 오디세우스는 항해자의 무덤인 세이렌의 유혹을 이겨내도록 자신의 몸을 돛대에 묶고, 선원들의 귀를 밀랍으로 막게 했지만 조르바는 몸을 돛대에 묶지도, 밀랍으로 귀를 막지도 않고 뚜벅뚜벅 걸어 세이렌의 바다를 통과한다. 이게 조르바의 첫째 매력이다.

운명아! 길을 비켜라, 내가 간다! 조르바는 자기가 현재 하는 일에 '몰입 (沒入)' 한다. 현실에 얽매이지 않는 산투르 연주자가 되고 싶어 가정을 포기한다. 원하는 대로 도자기 빚는 것을 방해하는 새끼손가락을 작두로 잘라버린다. 말이 통하지 않는 이국의 낯선 사내와 서로 춤으로 자신의 내력을 설명하다 감정이 끓어올라 부둥켜안고 통곡한다. 조르바는 '물질에 승리하는 자유로운 영혼'을 대변한다.

동양철학자 최진석이 『인간이 그리는 무늬』에서 '우리는 나를 가두는 감옥, 오직 나의 욕망에 집중하라'고 하는 것은 조르바를 닮으라는 말이다. 이게 조르바의 둘째 매력이다. 나는 『그리스인 조르바』를 세 번 정독하고 나서야 조르바를 우호적으로 이해할 수 있었다.

66

나는 아무것도 바라지 않는다

나는 아무것도 두렵지 않다

나는 자유다

-『그리스인 조르바』 저자 니코스 카잔차키스 묘비명-

"새 길을 닦으려면 새 계획을 세워야지요. 나는 어제 일어난 일은 생각 안 합니다. 내일 일어날 일을 자문하지도 않아요. 내게 중요한 것은 오늘, 이 순간에 일어나는 일입니다. 나는 가야겠다고 마음 먹으면 브레이크를 밟지 않고 전속력으로 신명나게 달려갑니다. 가다가 부딪치는 것은 두렵지 않아요. 작살이 난다면 그뿐이죠. 천천히 가면 거기 안 가나요? 기왕 갈 발에는 화끈하게 가자 이겁니다. 신의 계율이 100개라면 100개를 다 어기며 살 겁니다."

-그리스인 조르바-

99

소구대심(小軀大心)이냐,
소소심 대대범(小小心 大大凡)이냐

~~~~~~~~ 60

소구대심(小軀大心)은 중학교 때 은사께서 내게 붙여주신 사자성어인데 '체구는 작아도 마음은 크다.'는 뜻이다. 아니면 '크게 가져라'고 하셨는지도 모르겠다. 키 작은 순으로 늘 반에서 1번이었던 나를 격려하기 위해서였겠지만 기분 나쁘지 않은 말이었다. 그러나 살아온 과정을 되돌아보면 나는 소구대심보다 소소심 대대범(小小心 大大凡)에 가까웠다. 작은 것에 소심하고, 큰 것에 대범하게 구는 것이다.

소소심은 우유부단해 행동력이 약하고, 타인에 대한 잔정이 많은 대신 소심해서 남 의식을 많이 하는 결과로 나타났다. 대대범은 그러다 뭔가 중요하고 큰일이 생기면 그때는 평소와 달리 판단을 빨리 내리고, 행동력도 강해졌다. 가난해서 정상적 입시를 포기하고 생활비까지 받는 장학생을 선택했다가 막상 학교를 다니게 되면서 이게 아니다 싶자 재수를 결행해 대학을 옮겼던 일, 회사 이직을 했던 일, 창업을 했던 일, 자진해 대선 후보 캠프에 갔던 일, 산문집 『거금도 연가』나 서평집 『놓치기 아까운 젊은 날의 책들』『독한시간』

까지는 몰라도 풍자소설 『박사성이 죽었다』를 출판한 것 등이 대대범의 결과였다.

개인적으로는 이것을 '무대뽀 정신'으로 치부하고 있다. 『내 인생의 무기』를 관통하고 있는 키워드가 겸손, 배려, 안분지족(安分知足 편안한 마음으로 제 분수를 지키며 만족할 줄 앎)인 것 같지만 실은 '무대뽀 정신'이 도처에 깔려 있다. 물론 늘 운이 좋은 편이었지만.

"계획은 사람이 하지만 이루는 것은 신이다. 행동하라."

질문이 단순하면
답도 단순하다

━━━〰〰〰 **61**

큰일 앞에서 발휘되는 대대범(大大凡)의 비결은 모든 곁가지를 쳐내고 본질에 육박해 질문을 던지는 것이다. 본질을 정확히 꿰뚫을수록 질문이 단순해진다. 가령 『그리스인 조르바』처럼 자유로운 영혼에 목이 마를 때면 '가족은 나 몰라라 하면서 집을 박차고 나갈 수 있겠는가?' 그것 하나만 묻는다. 답은 아직까지는 '그럴 수는 없다.'였다. 아직까지는. 나는 지금 『내 인생의 무기』 출판 여부를 고민한다.

질문) '자비출판'이어도 하겠는가?
답) 내 돈 들이는 자비출판은 없다.

이는 '원고 내용이 좋아 출판하겠다는 출판사가 있으면 출판한다.'는 뜻이다. 만약 나서는 출판사가 없다면 그것은 내 실력이 아직 부족한 탓이니 더욱 연마하라는 뜻으로 받아들이면 된다. 출판되지 않더라도 뭐가 됐든 쓴 만큼 얻는 것은 있다. 그러므로 그냥, 열심히 쓴다.

"승자는 목표가 생기면 되는 이유를 찾아 행동하고,
패자는 목표가 생기면 안 되는 이유를 찾는다."

풀잎 위 이슬도
무거우면 떨어진다

~~~~~~~~~~~ 62

과유불급(過猶不及)은 『논어』 선진 편에서 공자가 제자인 자장과 자하를 평가하면서 "자장은 지나치고, 자하는 조금 부족해 미치지 못한다. 둘이 똑같다."고 했던 말이다. 대부분 유(猶)를 '같다'로 해석하는데 그동안 경험으로 볼 때 '지나치면 오히려 조금 부족한 것보다 못한' 경우가 많았다. 정치든 사업이든 지나치게 욕심을 부리다 패가망신하는 사람들이 다 그렇다. 어린 자녀에게 평소 용돈을 넘치도록 주는 것과 조금 부족하게 주는 것 또한 후자의 교육 효과가 더 좋음을 흔하게 볼 수 있다. 주식 전문가들이 '무릎에서 사고 어깨에서 팔아라.'는 말도 과하게 욕심내다가는 손해 보기 십상이라는 경고이며, 세계 어느 나라나 장수하는 어르신들은 과식보다 소식(小食)을 한다.

살면서 과유불급 경험이야 셀 수 없이 많지만 가장 뼈아픈 경험은 역시 주식이었다. 30대 후반 나이 때 독립 홍보대행사 탑피알(TOP PR)을 차렸는데 벤처기업 광풍이 아직 살아있을 때였다. 그 당시 앞이 유망한 벤처기업이지만 자금이 넉넉지 않으면 홍보대행 수수료로 현금 대신 주식을 받기도 했다. 그렇게 주식으로 받은 벤처기업이 4개였는데 그 중 하나가 코스닥 상장을 앞두고 장외시장에서 주가가 치솟았다. 그때 팔면 서울 마포구 서교동에 2층 단독주택을 사옥으로 살 수 있었다. 그 정도에서 만족하고 팔까 하는 마음이 굴뚝같았지만 그 회사가 상장될 경우 빌딩도 살 수 있겠다 싶어 망설이는 사이 특허 도용 사건이 터지면서 코스닥 상장은 물거품이 됐고 주식은 휴지조각이 돼버렸다.

현재 서교동 단독주택 가격이 얼마나 폭등해있을지 알아볼 마음은 없다. 그냥 '그 돈은 내 돈이 아닐 운명이었다.' 생각하면서 씁쓸함을 달랜다. 세상만사 뭐든 지나치면 오히려 부족함만 못하다. 역사적으로도 백 년을 내다보는 선구자는 사형을 당했고, 20년을 내다보면 미쳤다는 소리를 들었다. 10년 정도만 통찰해야 현자(賢者) 소리를 듣는다. 사랑도 지나치면 서로 해롭고, 공부도 한쪽으로만 지나치면 편협해진다. 식욕이 지나치면 그 부작용은 말할 나위가 없다. 풀잎 위 이슬도 욕망으로 무거워지면 반드시 떨어진다. 지나치지 않게, 소걸음으로 천천히, 그러나 뚜벅뚜벅.

"사람의 일생은 무거운 짐을 지고 가는 먼 길과 같다. 서두르지 마라. 인내는 무사장구의 본분이니 분노를 적으로 알라. 이길 줄만 알고 질 줄을 모르면 해(害)가 그 몸에 이르리라. 미치지 못함이 지나침보다 나으리라. 풀잎 위 이슬도 무거우면 떨어지기 마련이다."

-『대망(大望)』 도쿠가와 이에야스-

줄탁동시(啐啄同時),
안에서 깨고 밖에서 쪼아야

~~~~~~~~ 63

줄탁동시(啐啄同時)는 계란 속 새끼가 껍질을 깨고 바깥세상으로 나오기 위한 과정이다. 안에서 새끼가 스스로 껍질을 깨는 줄과 밖에서 어미 닭이 새끼를 돕기 위해 껍질을 쪼는 탁이 함께 이뤄져야 한 마리 병아리가 탄생한다. 당연히 줄이 먼저다. 안에서 새끼가 껍질을 깨려는 노력이 먼저 있어야 어미도 밖에서 돕는 것이다. '하늘은 스스로 돕는 자를 돕는다'는 속담이 딱 어울리는 상황이다.

지금까지 살면서 줄탁동시의 성과라고 드러내놓고 자랑할 만한 것이 별로 없다. 그저 평범한 인생이었는데 40대 후반에 난관에 부딪혔다. 그때 '물구나무를 서서 쓰더라도 10년은 쓰겠다.'는 각오로 매주 '최보기의 책보기' 북칼럼을 신문에 쓰기 시작했다. 홍보대행업을 하면서 남 이름의 글만 쓰다 내 이름으로 칼럼을 쓰니 신이 나서 추석, 설 같은 명절 연휴에도 단 한 번도 빠지지 않았다.

3년이 지났을까, 출판과 독서시장이 갈수록 기우는 탓에 서평 쓰는 일에 그다지 빛이 보이지 않자 점점 힘이 빠졌다. 출판계에서 뒤늦게 성공한 선배를 만나 그런 고민을 털어놓자 "미래를 어떻게 어떻게 하겠다고 계획하지 말고 가려 했던 길 그냥 걸어라. 걷다 보면 세상이 너를 위해 만들어놓은 길을 만나게 될 것"이라고 격려했다. 나는 다시 힘을 내 글을 쓸 수 있었다.

6년이 지났을까, 어느 순간 나를 위해 만들어 놓은 것 같은 길을 만나기 시작했다. 산문집과 서평집을 출판한 작가가 됐다. EBS '한반도 기행' 프로그램에 출연해 산문집 『거금도 연가』를 쓴 작가 자격으로 고향 거금도를 소개하는 역할을 맡았다. 지방자치단체 공공 도서관장을 맡게 됐다. 강연 요청도 간간이 들어왔다.

내친 김에 풍자소설 『박사성이 죽었다』를 단행본으로 출판해 '비록 사람들이 크게 알아주지는 않지만' 진짜 생각지도 못했던 '소설가'가 됐다. 미완성이나 후속작 '최필동 전'을 쓰게 됐고, 그 새 단련된 글쓰기가 내공이 돼 『공무원 글쓰기』를 출판했다. 지금은 이렇게 '내 인생의 무기'를 쓰는 중이다. 나는 국문학과는 물론 문학 근처에도 가보지 않은 사람이다.

삶은 단절이 없다. 점이 모여 선이 되고, 선이 모여 면이 되고, 면이 모여 입체가 되는 것이 인생이다. 비가 오나 눈이 오나 쉬지 않고 서평을 썼던 줄(啐)이 북칼럼니스트, 도서관장, 작가, 저자라는 탁(啄)을 부름으로써 '글로노동자'로 거듭나게 됐다. 11년 사이에 이뤄진 일이다.

"

"간절히 원하면 온 우주가 돕는다"

-파울로 코엘료 『연금술사』-

"새는 알을 깨고 나온다. 알은 세계다. 태어나려는 자는 한 세계를 파괴하여
야만 한다. 새는 신에게로 날아간다. 신의 이름은 아브락삭스다."

-헤르만헤세 『데미안』-

"

"점이 모여 선이 되고, 선이 모여 면이 되고,
면이 모여 입체가 되는 것이 인생이다."

불혹(不惑), 아무도 유혹하지 않는다

『월간 에세이』 2014년 9월호에 실었던 글

세상에는 세 부류의 사람이 있다. 변화를 만드는 사람, 변화에 잽싸게 편승하는 사람, 도대체 무슨 일이 벌어지는지 모르는 사람. 25년 전 '높으신 부장님'께서는 우리들 신입들을 모아 놓고 "40대 후반쯤에 이르면 '거장'이란 소리는 못 듣더라도 '대들보' 정도는 돼야 한다. 불혹(不惑 나이 40대)이란 어떤 유혹에도 흔들리지 않는 나이가 아니라 아무도 유혹하지 않는 나이니 오로지 실력을 길러 그때를 대비하라."고 충고했었다.

그런데 그 사이 사정이 달라졌다. 의약술의 발달로 평균연령이 늘어난데다 대한민국의 경제력이 그때보다 훨씬 선진국이 돼버린 덕분에 노후의 질에 대한 기대치도 높아졌다. 이모작을 넘어 삼모작이란 말이 자연스럽다. 그러다 보니 불혹(不惑)이란 나이가 직업적 대들보로 끝나는 게 아닌, 찬란한 은퇴를 준비해야 할, 그러나 누구도 그것을 위해 유혹해 주지 않는, 온전히 무소의 뿔처럼 혼자 가야 할, 아주아주 복잡다단한 나이가 돼버렸다.

나는 '내가 쓴 글인데 신문에는 타인의 이름으로 실리는 글'을 썼었다. '홍보실'에서는 흔한 일이다. 그렇게 실린 글을 볼 때마다 '낳기는 내가 낳았는데 내 자식은 아닌, 밉지도 예쁘지도 않은 아이'를 보는 기분이었다. 그래서 제대로 주제를 잡아 내 이름을 걸고 글을 써보고 싶었다. 딱 삼 년 하고도 석 달 전, 비교적 칼럼을 얻기 쉬운 인터넷 언론사와 필자의 이름을 건 '최보기의 책보기'라는 브랜드로, 원고료도 없는 서평 코너를 열었다. '무슨 일이 있더라도 10년은 쓰겠다'고 결심했다. 그럼 뭔가 손 위에 올라올 것이라 믿었다. 당장은 미약할지라도 열심히 가다 보면 나를 위해 만들어 놓은 세상의 길을 만나게 되리라 믿었다.

특히 '최보기의 책보기'를 시작하면서 '실제 독자들의 눈높이에 맞춘 맛깔스럽고, 재미있고, 쉬운 서평'을 기치로 내걸었다. 학자나 전문가들이 쓰는 기존 서평들이란 너무 어렵고 화려해서 일반 독자들은 서평에 질려 책 보기를 포기해 버리는 경우가 많으므로 그런 서평들과 차별화된 '브랜드 가치'를 확보하자는 생각에서였다.

읽고 또 읽었다. 출퇴근하는 버스 안에서, 외출하는 지하철에서, 화장실에서, 등산길에서 읽었다. '쉽고 재미있는 주제'가 안 잡히면 두 번, 세 번 읽었다. 매주 한 권, 만사를 제치고 서평을 냈다. 부족한 책값은 등산의자를 가지고 서점에 나가 책을 보는 것으로 대신했다. 서평이 포털에 노출되면 SNS와 블로그에 끌어와 알렸다. 그렇게 정성을 쏟은 지 일 년 반이 지나자 꽤 알려진

경제일간지의 정기 지면 컬럼으로 승격(?)됐다. 출판사에서도 신간을 보내기 시작해 등산의자 들고 서점에 나가지 않아도 됐다. 이런 저런 매체에서 청탁도 들어오기 시작했다.

'칼럼니스트, 자유기고가'란 타이틀이 당당해졌다. 내친김에 고향 홈페이지, 인터넷 카페 등 여기저기 주절주절 썼던 글들을 모아 산문집 『거금도 연가』를 출판했다. 이렇게 책까지 내도 되나 겁이 났지만 어쨌든 책은 만들어졌고, 전국 서점에서 팔려나갔으니 이제 저서가 있는 명명백백한 '작가'가 된 것이다.

'10년만 해보자'는 처음의 다짐에 비하면 성과는 생각보다 빠르다. 그동안 쓴 〈최보기의 책보기〉를 출판하겠다는 출판사가 있어 두 번째 저서도 냈고, 북칼럼니스트로서의 이름값도 조금씩 조금씩 비싸져(?) 간다. 그러나 여전히 시작일 뿐이다. 〈최보기의 책보기〉 비행기는 이륙을 위해 이제 겨우 앞바퀴가 조금 들렸을 뿐이다.

꿈이 구체적이면 목표가 되고, 목표를 잘게 쪼개면 계획이 되고, 행동이 계획을 뒤따르면 꿈은 반드시 이루어진다. 불혹, 아무도 유혹하지 않는 나이더라도 저 말만 믿으면 답이 나올 것임을 확신한다. 나 역시 아직 7년이나 더 남았다.

글_최보기 (만 51세, 홍보대행사 근무, 작가, '최보기의 책보기' 전문 북칼럼니스트)

"꿈을 수첩에 적으면 목표가 되고,
목표를 잘게 쪼개면 계획이 되고,
계획을 행동에 옮기면 꿈은 현실이 된다."

내 인생의 선배들

　여기서 '선배'들은 나보다 나이 많은 사람이 아니라 책에서 찾은 인생의 멘토나 롤모델을 말한다. 가끔 독서에 관한 강연을 할 때 누군가 '독서가 밥이 되고, 취직을 시켜주느냐' 물으면 나는 단연코 '그렇다'고 대답한다. 경험상 읽어야 할 욕구를 가지고 읽는 모든 책은 '자기계발서'로 다가왔기 때문이다. 읽다 보면 그 안에 뭐가 됐든 삶에 도움이 되는 요소가 반드시 있기 마련이었다. 내가 '선배'로 모시게 된 분들은 주로 내가 난관에 처했을 때 인내와 대기만성(大器晩成), 용기와 배짱, 물질이나 속박으로부터 자유로운 정신을 가르쳐준 사람들이다.

　'충무공 이순신 장군'은 용기, 배짱, 치밀한 준비로 46전 무패, 23전 23승을 거두는 비결을 가르치셨다. 마음이 힘들 때마다 『난중일기』를 읽는 바람에 책이 너덜너덜해졌다. 정유재란 때 왜군의 간계에 속은 임금 선조의 부산포 출정명령을 어긴 죄로 한양에 끌려와 국문을 당한 후 옥에 갇혔다. 원균의 칠천량 해전 참패로 복귀, 610Km 대장정으로 재건한 조선 수군은 겨우 전선 12

척, 말 4마리 분량 무기, 군사 120명이 전부였다. 전함 13척으로 왜선 133척과 대결했던 명량대첩을 치르기 전 임금 선조는 이순신에게 수군을 포기하고 육전에 나설 것을 지시했다. 이순신은 선조에게 "상유십이 순신불사 (尚有十二 純臣不死 신에게는 아직 12척의 배가 있고, 순신은 죽지 않았습니다.)"라 외치며 바다를 지키지 않으면 왜군이 서해와 한강을 거쳐 곧바로 한양을 치게 된다고 설득했다.

명량대첩 하루 전 날(1597년 9월 15일) 장군은 "사즉필생 생즉필사(死卽必生 生卽必死). 죽으려 하면 살고, 살려고 하면 죽는다. 한 사람이 길목을 지키면 천 명도 두렵게 할 수 있다."고 장수들을 독려했다. 장군은 평소 "적이 지는 이유는 적의 실수에 있고, 내가 지는 이유는 나의 실수에 있다. 고로 적이 나를 살피듯 스스로를 살펴야 한다."며 전투에 임할 때마다 왜군, 아군, 전투현장 실태를 철저히 살펴 '이기는 싸움'을 준비했다. 장군은 장검에 '三尺誓天 山河動色 (삼척서천 산하동색. 삼척의 칼로 하늘에 맹세하니 산과 강도 빛이 변한다.)', '一揮掃蕩 血染山河 (일휘소탕 혈염산하. 크게 한번 휩쓰니 피로 산과 강을 물들인다.)'고 새겼다. 장군이 무과에 급제한 것은 32살 늦은 나이였다.

'사마의 중달'은 유비, 조조, 손권 등 영웅호걸이 명멸하는 『삼국지』 최후의 승자다. '죽은 공명이 산 중달을 잡는다.' 할 정도로 제갈공명에게 연전연패 했지만 공명이 있어야 자신의 진가를 인정받는다는 더 큰 계산으로 공명을 적당히 봐줬다는 것이 내 생각이다. 그는 조조부터 손자 조방까지 4명을 위나라 왕으로 모시기까지 죽은 듯 엎드려 기회를 보다가 나이 칠십에 궐기해 손자 사마염이 진(晉)나라를 개국하는 초석을 다졌다. 서기 250년 당시 의약술 환경을 고려하면 지금 나이로 90세는 족히 넘긴 나이였다. 순욱, 양수는 출중한 능력을 너무 과시하다 조조에게 제거당했다. 중달은 '무릇 사람은 물러날 때와 나아갈 때를 알아야 한다'는 말을 남겼다.

그리스인 '조르바'는 '몰입과 헌신'을 가르쳤다. 그는 산투르 연주자가 되고 싶어 현실의 굴레를 벗어 던졌고, 도자기 빚는 물레질을 방해하는 새끼손가락을 잘라버렸다. 말이 통하지 않는 외국 사내와 서로 춤으로 자신이 살아온 길을 설명하다 감정이 복받쳐 부둥켜안고 울음을 터뜨린다. 옛날에는 대체 이것이 가능할까 싶었지만 지금은 누가 요구하면 나도 춤으로 나를 설명할 수 있을 것 같다. 그는 오로지 현재 자신이 하는 일과 사랑하는 사람에게 몰입과 헌신을 위해 신의 계율을 어기고, 신과 대결하는 것도 주저하지 않았다. 고향인 그리스 크레타 섬에 묻힌 작가 니코스 카잔차키스의 묘비명은 '나는 아무것도 바라지 않는다. 나는 아무것도 두렵지 않다. 나는 자유다'이다.

'산티아고'는 둘이다. 헤밍웨이 『노인과 바다』의 늙은 어부 산티아고는 자신에게 스스로 부여하는 존엄성과 승부근성을 가르쳤다. 84일을 허탕친 후 85일 만에 잡은 청새치를 지키려고 3일간 바다 위에서 고독한 사투를 벌이고 돌아온 노인은 "인간은 패배하도록 만들어지지 않았어. 사람은 파멸당할 수는 있을지언정 패배하지는 않아."라고 외쳤다.

파울로 코엘료『연금술사』주인공 양치기 소년 산티아고는 '행복의 파랑새는 먼 곳이 아니라 바로 내 안에 있다.'는 지극히 평범한 진리를 가르쳤다. '무언가를 간절히 원하며 노력을 멈추지 않으면 온 우주가 그 소망이 실현되도록 도움으로써 마침내 뜻을 이룰 수 있을 것'이라는 희망을 주었다. '해 뜨기 직전 새벽이 가장 어둡다'며 그 시기를 버티어 찬란한 태양을 보도록 마지막까지 인내할 것을 자극했다.

'도쿠가와 이에야스'는 사마의 중달과 마찬가지로『대망(大望)』을 꿈꾸는 자의 지독한 인내와 기다림을 가르쳤다. 6살 때부터 14년을 인질로 잡혀있다 20세에 겨우 약체 영주로 독립한 그는 오다 노부나가와 임진왜란의 원흉 도요토미 히데요시 밑에서 인내에 인내를 거듭하며 세력을 키워 1603년 나이 60세에 이르러서야 도요토미 가문을 제압하고 쇼군이 돼 1867년 메이지 유신 때까지 264년 도쿠가와 막부 시대를 열었다. '두견새가 울지 않으면 오다는 죽이고, 도요토미는 울게 하고, 도쿠가와는 울 때까지 기다렸다.'는 말이 전해 내려온다. 그는 "풀잎 위 이슬도 무거우면 떨어진다."며 겸손과 인내를 유언으로 남겼다.

세르반데스는 52세에 감옥에서『돈키호테』를 구상한 후 1605년 58세에 발표해 셰익스피어와 동급의 거장이 됐다. 마찬가지로 지금으로 치면 80세는 족히 됐을 나이였다. 정도전은 당시로는 한물 간 나이인 42세 때 이성계를 찾아가『경국대전』으로 조선의 설계자가 됐다. 압구정동의 유래가 된 한명회 역시 37세에 개성에 있던 이성계 저택 경덕궁 궁지기를 하며 자신의 때를 기다리다 수양대군 세조를 만나 성종 때까지 한 시대를 주름잡았다. 그는 과거 공부 대신 병법서를 수레에 싣고 다녔고, 도광양회(韜光養晦 칼날의 빛을 칼집에 숨기고 어둠 속에서 실력을 기른다.)로 때를 기다리며 실력을 길렀다.

강태공은 나이 80세에 주문왕을 만나 그를 도운 후 제나라 제후가 됐다. 그가 주문왕을 기다리며 위수 강가에 드리웠던 낚시에는 미끼가 없었다. 그는 물고기가 아니라 자신의 때를 낚고 있었다.

"책은 우리 안에 꽁꽁 얼어붙은 바다를 깨뜨리는 도끼다."

-프란츠 카프카-

"상유십이 순신불사(尙有十二 純臣不死), 신에게는 아직 12척의 배가 있고, 순신은 죽지 않았습니다."

-이순신-

"무릇 사람은 물러날 때와 나아갈 때를 알아야 한다"

-사마의 중달-

"인간은 패배하도록 만들어지지 않았어. 사람은 파멸 당할 수는 있을지언정 패배하지는 않아."

-산티아고, 『노인과 바다』-

"자네가 무언가를 간절히 원할 때 온 우주가 자네의 소망이 실현되도록 도와준다네."

-살렘의 왕 멜키세덱, 『연금술사』-

"

"두견새가 울지 않으면 오다는 죽이고,
도요토미는 울게 하고, 도쿠가와는 울 때까지 기다렸다."

"해 뜨기 직전 새벽이 가장 어둡다."

배려는 전염된다 2

『내 인생의 무기』가 주로 겸손, 배려, 인내, 관용, 낙관, 긍정 등에 관해 얘기를 하고 있는데 모두 다 실체 없는 추상명사들이다. 마침 지금 막 평소 가까운 정치평론가 김두수 님이 직접 겪은 일을 페이스북에 올렸는데 읽는 순간 배려의 실체가 보였다. 배려는 대가를 바라지 않고 평화롭고 따뜻하게 타인을 감싸는 마음이었다. 김두수 님의 글을 그대로 옮겨 놓는다.

어제 아내랑 파주 돌곶이 습지 공원 언덕에서 자유롭게 한강을 바라보면서 조곤조곤 우리가 살아가는 이야기를 나누고 있었다. 언덕 아래에서 청춘 남녀가 돗자리에 앉아서 데이트를 하더니 아주 예쁘게 생긴 젊은 여성이 우리 쪽으로 올라오더라. 손에 핸드폰을 든 채 올라오길래 난 속으로 '우리보고 사진을 찍어달라는 거겠지' 생각하고 있었다. 그런데 카메라를 내밀면서 이렇게 말하는 것이었다.

"우연히 사진을 찍었는데 사진이 너무 예뻐서 드릴까 하구요."

처음에는 어리둥절한 상황이라서 참 별일이라고 생각했는데 핸드폰으로 전달받은 사진이 예술이다. 처음에는 '좀 귀찮은 일이지만 사진 찍어주는 정도야 기꺼이 하지' 했다가 받아 든 사진을 보고 순간 많은 것을 느꼈다. 요즘 젊은이들 참 예쁘다. 마음도 아름답다. 우리 두 사람도 그 아름다운 두 젊은이에게 같이 어울려져서 예뻐졌다.

-글쓴이, 김두수-

이 사진을 찍어 전달한 젊은 여성도, 사진을 건네받은 중년 부부도 마음도 한결같이 평화롭고 따뜻하다.

"배려는 관계의 시작이자 서비스의 핵심이다."
　　　　　-『배려를 파는 가게』 *(한국경제신문사 출판, 캔 블랜차드 지음)*-

행동하는 배려

'배려하는 마음의 실체'를 쓴 다음 날 페이스북에서 한 번 더 그 실체를 목격했다. 숭실대학교 교수였다. 이틀 후 주말부터 추석 연휴가 시작되는 날이었다. '여느 때처럼 또다시 명절은 찾아오고 늘 수고하시는 청소 어머님들에게 명절 선물을 준비했다'며 약소한 선물세트가 쌓인 사진을 올렸다. 페친들의 칭찬 댓글까지 읽자니 '작은 선물 큰 마음', '아직은 살 만한 세상' 같은 따뜻함이 묻어났다.

공교롭게도 그날 아침 나는 내가 청소를 안 해도 늘 깨끗한 상태를 유지하는 사무실과 복도, 계단, 화장실, 흡연실, 회의실 등 곳곳을 청소해주시는 외주 회사 분들에게 작은 선물이라도 할까 생각하다 '몇 명인지도 모르고, 선물 사러 나가기도 좀 그런데 소속 회사에서 알아서 하겠지.' 하고 말았던 터였다.

때마침 ㄱ 교수 게시글을 보며 '배려는 생각에서 그치는 것이 아니라 크든 작든 행동으로 옮기는 것'임을 자각하며 부끄러워했다. 행동하지 않는 배려심은 배려심이 없는 사람과 결과로는 크게 다를 것이 없다. 혹시 누가 행동하지 않은 나를 비난할 때 '마음은 그게 아니었다.'고 해봐야 궁색한 변명에 불과하다. 배려하는 마음은 작더라도 즉시 행동하는 것으로 그 모습을 드러낸다.

> "나의 종교는 매우 단순하다. 나의 종교는 친절이다."
>
> *-달라이 라마-*

어린이는
어른의 아버지

————————— 68

재활용 쓰레기 분리수거를 위해 박스를 두 손으로 들고 승강기를 탔는데 아래층에서 초등학교 저학년과 유치원생 정도로 보이는 사내 아이 둘과 젊은 엄마가 탔다. 처음 보는 터라 새로 이사 온 가족인 것 같았다. 승강기에서 어린 아이들은 대개 낯선 아저씨를 경계하는데 유치원생이 귀여운 목소리로 "안녕하세요!" 인사를 한다. 기특해서 "어, 그래 안녕~" 하고 인사를 받았다.

잠시 후 1층에 도착해 아파트 입구의 자동출입문 쪽으로 가는데 나보다 먼저 엘리베이터에서 나갔던 그 아이가 아파트 자동 출입문 센서 쪽에 서서 문이 열린 상태를 유지시키며 내가 먼저 나가도록 기다려주는 것이었다. "고마워~" 하고 먼저 나왔는데, 젊은 부모가 아이들 가정교육을 참 잘 시켰다는 생각에 흐뭇했고, 그 엄마가 달리 보였다.

인사까지는 몰라도 출입문 배려는 어린이가 쉽게 생각하고 실천할 수 있는 일이 결코 아니다. 반복된 교육과 실천이 있었을 것이다. 부모는 어린이의 거울, 어린이는 어른의 아버지가 맞다.

"부모는 어린이의 거울, 어린이는 어른의 아버지다."

-윌리엄 워즈워스-

배려는 전염된다 3

수원에 사는 시민 활동가 노민호 선생은 풀뿌리 민주주의와 자치분권을 대중에게 쉽게 설명하기로 유명한데 2021년은 코로나19로 대면 강연이 거의 사라진 통에 아마도 무척 고전했을 것이다. 그가 2022년 설 연휴 첫날 페이스북에 올린 사연은 다음과 같다.

오후 일정이 급해 택시를 탔는데 연세 지긋하신 택시 기사께서 오전에 겪으신 일을 들려주셨다. 핸드폰 택시 호출을 받아 승객이 기다리는 곳으로 갔더니 한 청년이 연세 많으신 어르신과 함께 있었는데 어르신만 택시에 탔다. 알고 보니 핸드폰 조작이 미숙해 택시를 못 잡는 어르신을 위해 낯선 청년이 자기 핸드폰으로 택시를 호출했고, 선결제 시스템이라 결제도 청년 카드로 했던 것이다. 목적지에 도착하자 택시비가 5천 원 나왔는데 택시 기사는 차마 그 청년에게 택시비를 받을 수 없어 어르신을 내려드린 후 그 청년의 카드 결제를 취소했다.

이 말을 듣고 감동한 노민호 선생은 목적지에 도착해 택시비 4,800원이 나왔는데 카드 대신 일부러 현금 만 원짜리를 낸 후 "기사님, 오늘 그 어르신 택시비 5천 원은 제가 내겠습니다. 기분이 좋아 그럽니다." 하고 택시를 내렸다고 했다.

청년의 따뜻한 배려심은 어르신, 택시 기사를 거쳐 노민호 선생과 또 나를 포함해 페이스북에서 노 선생의 글을 읽은 사람, 더 나아가 『내 인생의 무기』를 읽으실 독자들에게까지 마구 퍼져나간다. 배려심은 이렇게 베푸는 사람이 미처 다 생각하지 못하는, 뜻밖의 선한 전염을 일으킨다.

"적선지가 필유여경 (積善之家 必有餘慶), 착한 일을 계속 하는 집안에는 반드시 복(福)이 깃들어 자신뿐만 아니라 자손에까지 미친다."

-주역-

끈 떨어진 갓이라고
무시하지 않기

~~~~~~~~ 70

정승집 개가 죽으면 문턱이 닳지만 정승이 죽으면 파리만 날리는 각박함은 이기적 인간세계에 당연한 이치다. 사회생활의 목적이 나와 가족의 '먹고사니즘'인데 내가 쓸 수 있는 시간과 돈에 한정이 있다 보니 내게 힘이 되거나, 돼줄 가능성이 있는 사람 중심으로 처세를 할 수밖에 없다. 나라도 별 수 없는 일이다. 당연하게도 힘센 권력 자리에 있거나 부자로 살다가 처지가 반대로 바뀌면 견디기 힘든 것 중 하나가 사람들이 이전과 달리 푸대접하는 것이다. 푸대접까지는 아니더라도 대우가 이전에 비해 조금만 덜해도 당사자는 피해의식이 겹쳐 더 크게 피부로 느끼고 마음의 상처를 받는다.

전화나 문자메시지는 대우와 관계에 대한 '판결'이 상존하는 법정이다. 내가 먼저 전화를 걸었는데 상대방이 받지 않았을 경우 '부재중 전화' 기록이 남는다. 그런데 상대방이 응답전화를 하지 않는 일이 반복되면 그 사람에게 나는 크게 신경 쓸 필요가 없는 '그렇고 그런 사람'이다. 이때 받는 마음의 상처는 크다. 문자메시지 '읽씹'(읽고 답을 안 하는 것)도 마찬가지다.

그래서 나는 나보다 처지가 어렵다 싶은 사람의 전화나 문자는 더욱 신경써서 반드시 대응을 한다. 무시당하는 마음의 상처를 내가 받아봤기에 그가동일한 상처를 받지 않도록 하기 위해서다. 흔히 '끈 떨어진 갓'이라고 표현되는 사람-높은 자리에서 물러났거나 사업이 부도가 난 사장-일수록 가끔 만나 밥이라도 한 끼 같이 먹는다. 나중에 그가 다시 잘 될 때를 대비해서 그렇다기보다는 그냥 그래야 할 것 같은 마음 때문이다. 물론 사람은 대개 자기가어려웠을 때 챙긴 사람이 기억에 특별히 남을 것이므로 그가 다시 잘 될 경우내게 이익이 생겼으면 생겼지 손해 볼 일은 희박하다.

실제로 나도 그렇고 내 주변도 그렇고 누군가 어려운 처지에 있을 때 열심히 챙긴 대가로 그 사람이 다시 잘 됐을 때 훨씬 많이 되돌려 받는 경우란 숱하게 많이 겪었고, 보았다. 자고로 공부와 아부는 평소에 해야지 갑자기 하면표만 나고 효과는 별로 없다. 반대로 권력자나 부자는 친하게 다가오는 사람을 잘 봐야 한다. 십중팔구는 권력이나 돈이 없어지면 언제 봤냐는 듯이 멀어질 테니까.

"언덕은 낮춰 봐도 사람은 낮춰보면 안 된다."

-국회의원 김두관의 어머니-

"모기도 오장육부가 있고,
이슬 한 방울에 우주 삼라만상이 들어있다."

"질풍경초(疾風勁草), 모진 바람이 불면 강한 풀이 드러난다.
역경을 당했을 때 진정한 친구가 드러난다."

부족한 우정
돈으로 메우기

~~~~~~~~~~ 71

돈으로 부족한 우정을 메울 수 있을까? 어느 정도까지는 가능하다는 것이 내 결론이다. 금요일인데 시골 친구 부친상을 알리는 부고가 친구들 카톡방에 떴다. 조문을 하려면 금요일, 토요일 이틀인데 장례식장이 서울이 아닌 지방이었다. 금, 토요일 이미 예정된 공사(公私) 일정이 있는데다 코로나19 바이러스 확진자도 하루 2천 명을 넘는 상황이라 난감했다. 직장에서는 불가피한 경우 아니면 타 지역 방문을 삼가라는 여행자제령이 내려있었고, 결혼식과 장례식 등 사람이 많이 모이는 곳은 더욱 자제 대상이었다.

조문하려는 친구들끼리 일정을 조율하느라 분주한 카톡방에 이런 상황임을 들어 문상을 못 간다 하자니 마음이 매우 불편했다. 그러나 뚜렷한 묘안이 없어 상을 당한 친구 계좌에 조의금을 입금하면서 친구들끼리 미리 정해놓은 금액에 왕복 차비 정도 되는 돈을 더 얹어 입금한 후 이런저런 사정과 함께 미안하다는 문자 메시지를 친구에게 보냈다. 며칠 후 친구에게서 전화가 왔고, 내가 조의금을 더 낸 것을 고마워했고, 내 입장을 충분히 이해하니 마음 쓰지

내 인생의 무기

말라고 했다. 다소나마 내 마음의 불편함이 풀렸다.

　나는 왕복 차비를 조의금에 추가로 얹는 나의 성의가 친구의 섭섭한 마음을 조금이나마 누그러뜨리는 데 도움이 됐다고 생각한다. 누군가와 내가 가까운 관계인지 아닌지는 부모상 같은 큰일을 당했을 때 그 실체가 드러난다. 정말 가까운 사람이라면 몸이 안 되면 돈으로라도 성의를 보여야 둘 사이에 회복하기 어려운 앙금이 생기지 않는다. 열 길 물속은 알아도 한 길 사람 속 모른다. '말 안 해도 내 마음 알겠지' 하기보다 속마음을 겉으로 표를 내야 서로 좋을 때가 더 많다.

"진실된 우정이란 느리게 자라나는 나무와 같다."

"친구란 내 슬픔을 등에 지고 가는 사람이다."

"진정한 우정은 앞과 뒤, 어느 쪽에서 보아도 동일한 것
앞에서 보면 장미, 뒤에서 보면 가시일 수 없다."

사람 일
계획대로 되지 않는다

오늘은 2021년 9월 15일이다. 특별한 일 없이 평이한 일상인데 기분이 냉온
탕을 왕복한다. 원인 없는 결과는 없다. 이유가 뭘까 곰곰이 생각해보니 대통
령 선거다. 여당과 야당에서 출마한 후보들과 지지자들이 엉켜 6.25 난리는
난리도 아니게 나라가 떠들썩한데 내가 지지하는 후보가 경쟁에서 밀려서 내
기분이 저기압인 것은 아니다.

4년 전인 2017년 말에 내가 세웠던 계획대로 일이 됐더라면 나는 지금 그때
관계를 맺었던 어떤 사람의 대통령 당선을 위해 정신없이 뛰고 있어야 한다. 그
러나 중도에 사고가 터졌다. 나도 모르게 터진 사고였으므로 당연히 내가 계
획했던 일이 전혀 아니었고, 사고가 터질 것이라고는 상상도 하지 못했었다.
현재 그는 대통령 후보 대열에 없고, 나는 4년 전에 장차 하고자 계획했던 것
과는 전혀 다른 곳에서 다른 일을 하고 있다. 대선 정국에서 벗어나 왕성하게
뛰는 사람들을 바라만 보고 있자니 내 기분이 냉온탕을 왕복했던 것이다.

계획은 사람이 세우고, 계획의 실행도 사람이 하지만 일이 풀려나가는 것은 사람의 뜻이 아니라 신의 뜻이다. 그 사고로 일생의 계획이 틀어져버린 것은 나만이 아니라 주변에 많은 동료들도 함께 그리 됐다. 미래는 신의 영역이다. 실망도 자만도 의미 없다. 지금 걷고 있는 길 뚜벅뚜벅 걸어가는 것이 그저 사람이 할 일이다. 인생은 기칠운삼(技七運三)을 넘어 운칠복삼(運七福三)이란 말이 그래서 생겼다. 결과적으로 '그 일을 일으켰던 사람'은 전혀 관계도 없던, 알지도 못했던 나와 내 가족의 삶에 큰 영향을 미친 꼴이 됐다.

사람 일이란 이렇게 보이지 않는 연결과 연결, 관계와 관계가 부르는 바람에 날리며 수시로 모양이 변하는 구름 같은 것이다. '사람은 열 번 된다.'는 속담이 딱 이 자리에 들어맞는다. 평소 이웃에게 선(善)한 영향력을 미쳐야 복을 받는다는 '적선지가 필유여경(積善之家 必有餘慶)'도 딱 이 자리에 들어맞는다. 남은 동안 진심 착하게 살아야겠다.

"모사재인(謀事在人) 성사재천(成事在天), 일을 도모하는 것은 사람이나 이루는 것은 하늘이다."

-나관중 『삼국지』-

"강한 자가 살아남는 것이 아니라 살아남는 자가 강한 자다."

-징기스칸-

"절대 어제를 후회하지 마라. 인생은 오늘의 나 안에 있고 내일은 스스로 만드는 것이다."

-론허바드-

"

나의 선(善)함은
어디에서 오는가

비바람이 간간이 치던 날 새벽이었다. 잠이 깬 방의 문이 열려있어 거실이 내다보였는데 거실 천장 전등이 불규칙하게 점멸했다. 혹시 날이 습해 누전이 일어나는가 싶어 긴장해 전등을 관찰했다. 뭔가 좀 이상했다. 전등 자체 점멸이 아니라 어디선가 빛이 비추는 것 같았다.

베란다로 가봤더니 아파트 주차장의 가로등과 그 앞에 서 있는 나무가 보였다. 나무가 바람에 흔들려 틈이 생기는 사이 가로등 불빛이 12층 아파트 거실 천장 전등에 반사되면서 마치 전등이 점멸하는 것처럼 보였던 것이다. 그 순간 이런 생각이 들었다.

나와 가로등 사이를 점령한 어둠 속에 나무, 바람, 천장 전등이 길을 내어나는 저 빛을 볼 수 있었다. 나도 모르는 사이에 나무, 바람, 천장 전등이 가로등 불빛과 나를 연결시켜주고 있었다. 세상은 이렇게 서로가 모르게, 눈에 보이지 않는 것들로 연결돼있다.

내가 어둠 속에서 누군가에게 가로등, 나무, 바람이거나 혹은 천장 전등일 수 있겠고, 누군가는 나에게 또 그것들이 돼준다. 내가 선(善)하다면 그 선함이 나무와 바람과 천장 전등이 낸 어둠 속 길을 타고 새벽 방안의 누군가에게 전해지는 것인데 그렇다면 나의 선(善)함은 대체 어디, 누구에서 오는가!

나와 당신

툭!
새벽 고요를 가르는 잎새
홱!
놀란 나비 방향을 틀면
나비 쫓던 고양이 발을 멈추고
바삐 전진하던 개미
낙엽에 덮여 길 잃은 사이
돌아선 고양이가
무심히 낙엽을 밟고 간다.
이 세상에
쓸데기 없거나
사소한 일은 없다.

인생은 점(點)이 아니라
선(線)이다

74

돌이켜보면 나의 전성기는 초등학교 6년이었다. 가난한 섬 학교였지만 우등생으로서 대우를 넉넉하게 받으며 다녔다. 흑역사는 대학 2학년을 마치고 휴학했던 1985년부터 졸업 후 기자가 되겠다며 취업을 미뤘던 1989년까지 5년이었다. 이때 나는 철이 없었고, 게을렀고, 의지가 박약해 목표를 이루지 못하고 뒤늦게 대기업에 취업했다. 그것도 운이 좋게 학벌을 쳐주던 때라서 가능했다. 첫 직장을 2년 다니다 사직하고 또 1년을 방송국 시험에 매달렸지만 열심히 하지 않아 실패했고, 다시 대기업에 취업했다. 돌아보면 그때 역시 아찔할 만큼 운이 좋았다. 실패 원인은 게으름이었다.

다시 시작한 대기업 홍보실은 정말 열심히 다녔다. 뒤늦게 결혼한 가장으로서 친구들에게 뒤지지 않을 만큼 가족을 부양해야 한다는 책임감이 컸다. 홍보실에서 열심히 보도 자료 쓰고, 그것을 기사로 한 줄이라도 내기 위해 여러 언론사 담당 기자들 수발을 죽어라 들어야 해 마음이 힘들었지만 과거 진지하게 열심히 노력하지 않은 벌이라 여기며 감내했다.

30대 후반에 홍보대행사를 차려 독립했지만 회사를 키우기 위해 치열하게 뛰지 않았다. 그때 3일 밤낮을 샌 탓에 코피를 쏟으며 제안서를 준비했다던 P 사 대표는 지금 대단히 성공한 기업가가 돼 있지만 나는 단 하룻밤도 샌 적이 없었고, 회사는 10년 후 문을 닫았다. 생계를 위해 PR 프리랜서를 계속하면서 허탈한 마음을 붙잡으려 〈최보기의 책보기〉 북칼럼(서평)을 쓰기 시작했다. 2010년 11월 29일이었다.

2010년 11월 29일 〈최보기의 책보기〉 첫 번째 칼럼

내가 쓰고 싶은 대로, 내 이름을 걸고 쓰는 칼럼이라 너무 신이 났다. 북칼럼니스트의 길은 몇 년 후 내게 산문 작가와 소설가의 길을 열어줬고, 신문에 〈최보기의 그래그래〉를 제목으로 수필을 연재하도록 이끌었다. 비록 시간은 오래 걸렸지만 칼럼니스트와 수필 연재 작가로서 엄연한 언론인(?)이 돼 있었다. 물론 그 과정에는 과거 홍보실 때부터 연을 맺었던 기자 선후배들의 도움이 컸다. '도서관장'이라는 다소 폼나는⑦ 생업을 얻고 '글쓰기'도 계속 하는, 할 수 있는 나를 부러워하는 기자도 간혹 있었다.

이제는 1985년부터 5년의 흑역사나 홍보대행사 때 치열하지 않았던 것도 해석을 달리 한다. '어쨌거나 저쨌거나 그러한 하루하루가 자양분이 돼 어제, 오늘, 내일로 이어진 결과가 현재의 나 아니겠나' 그리 생각한다. 그러므로 언제일지 모르는 베스트셀러 작가나 심지어 '세계적인 문학상'을 수상하는 작가가 되는 날이 온다면 저러한 흑역사는 영광을 창조한 역사로 재평가되는 것이다. 점(點)들이 이어져 선(線)이 되고, 선들이 모여 만드는 면(面)이 인생이니까.

과정이 안 좋아 결과도 안 좋은 삶이 가장 안 좋다. 과정은 안 좋으나 결과가 좋은 삶도 그다지 좋지 않다. 수단방법을 가리지 않다가 자칫 앞의 나쁜 결과로 전락하기 쉽다. 과정은 좋으나 결과가 안 좋은 삶은 운이 따르지 않은 것이니 안타깝다. 과정도 좋고 결과도 좋은 삶이 최고다. 무엇인가를 포기하지 않고 끝까지 노력해 좋은 결과를 맺으면 과거의 흑역사는 영광의 역사로 둔갑한다. 인생은 현재가 미래에 더해지는 복리(複利)다. 그러므로 어쨌든 가보는 것이다.

> "당신은 미래를 미리 내다보며 점(點)들을 이을 수는 없다. 단지 과거를 돌아보며 연결할 수 있을 뿐이다. 그러니까 현재의 점들이 어떤 식으로든 당신의 미래와 연결될 것이라는 사실을 믿어야 한다."
>
> -스티브잡스 '스탠포드 대학교 연설'-

"어제 나, 오늘 나, 내일의 나가 점과 선으로 이어져
과거가 현재를 만드는 것은 '거의' 맞지만
이 셋이 삼위일체가 아니라 각위딴체므로
나는 오직 오늘의 나하고만 잘 지내면 된다.
오늘만, 오늘이나 잘 하자.
인생은 현재가 미래에 더해지는 복리(複利)다."

철칙(鐵則) 없이 살기

    나에게는 소위 철칙(鐵則)이란 게 없다. 진짜 없다. 철칙은 '눈에 흙이 들어가도, 목에 칼이 들어와도 지킨다 고집하는 삶의 원칙, 자기와의 약속'이다. 남에게 돈을 빌리지 않는 것이 철칙인 사람이 있는가 하면 남에게 돈을 빌려주지 않는 것이 철칙인 사람도 있다. 심지어 안 빌리고 안 빌려주는 것이 철칙인 사람도 있다. 사람이 살다 보면 어쩔 수 없이 돈을 빌려야 할 때도 있고, 빌려줘야 할 때도 있는데 지나치게 철칙에 얽매여 융통성 없이 살다 보면 오히려 낭패를 당하기 쉽다. 목에 칼이 들어오면 목숨부터 지켜야지 그보다 소중한 철칙이라면 사랑하는 사람의 목숨을 대신 지키는 일 같은 것 말고는 찾기 어렵다.

    나에게 철칙이 없는 것은 대단한 철학적 깨달음의 결과가 아니라 그냥 마음이 모질지 못하고, 의지가 박약해서 그럴 뿐이다. 나는 지금까지 작심삼일(作心三日)이 마치 철칙인 것처럼 -중단 없이 서평 쓴 것 빼고는- 무엇을 하겠다 해놓고 제대로 지킨 적이 드물다. 주말이면 캠핑을 하겠다며 야무지게 샀던 텐트와 도구들이 30년째 창고에서 잠자고 있는데도 '캠핑 가야 하는데' 생각은 주말마다 한다. 누구에게 불같이 화를 낼 일도 대충 유야무야 하거나 화를 냈다가도 금방 마음이 풀려버린다. 태어나기를 그렇게 태어난 것이라 그게 내 의지도 아니다. 그러다 보니 '남에게 그저 양보하고, 지고 사는 아빠'에게 불만인 아들이 외부 자극에 불필요하게 공격적으로 반응하는 부작용이 있기도 하다.

나는 내 정치노선이 진보인지 보수인지도 늘 헷갈린다. 이 사람 말 들으면 이 사람이 옳은 것 같고, 저 사람 말 들으면 저 사람이 옳은 것 같아 여기저기 동조를 하는 통에 '회색분자' 소리를 자주 듣는다. 물론 내가 옳다고 생각하는 주장이나 잣대가 없는 것은 아니나 그게 섣부르거나 틀리다 싶으면 쉽게 철회하고, 생각을 고쳐먹는다. 그 모습이 남들에게는 '우유부단하거나 이랬다저랬다 하는 사람'으로 보이기도 하지만 자기주장을 지키기 위해 억지 논리를 가져다 붙이는 것보다는 합리적이라고 생각한다. 역사를 대할 때도 병자호란 때 청나라 군대와 끝까지 싸울 것을 주장했던 김상헌의 이상주의보다 화친을 주장한 최명길의 합리적 현실인식을 더 높이 산다.

속을 꽉 채운 참나무는 곧고 단단하지만 태풍에 부러진다. 갈대는 속살이 부드럽고 유연해, 대나무는 속을 비움으로써 바람이 아무리 강해도 바람 따라 몸을 굽혀 부러지지 않는다. 그렇다고 갈대와 대나무가 뿌리까지 옮겨가는 것은 아니다. 사람이 살다 보면 환경과 조건에 따라 이럴 수도 있고 저럴 수도 있어야지 철칙에 스스로를 묶어놓으면 강한 바람이 불 때 몸을 숙일 수가 없어 곤경을 피하기 어렵게 된다.

그러므로 나는 앞으로도 철칙을 세우고 그것을 준수하며 살 생각은 없다. 철칙은 삶을 스스로 피곤하게 할 뿐이다. 고집이 세고 자기주장이 강해 사회생활에 필요한 인간관계에 문제가 생겨 고생을 자초하는 사람을 지금까지 셀 수 없이 보며 살았다. 나는 그렇게 피곤하게 살고 싶지 않다.

"쇠는 강할수록 쉽게 부러진다."

"상선약수(上善若水), 물은 흐르다 바위를 만나면 옆으로 돌아 앞으로 나아가 강을 이루어 바다에 이른다."

-노자 『도덕경』-

의절(義絶)도
때로는 약(藥)이다

~~~~~~~~~ 76

의절(義絶)은 어떤 사람과 연(緣)을 끊는 것이다. 지구상에서는 다시 보지 않을 관계로 사는 것이다. 어쩔 수 없이 보게 되더라도 정(情)을 일체 주지 않는 것이다. 그래야 할 사람이 있다는 것이 자못 피곤한 일이지만 연을 이어가며 받는 스트레스가 더 크다면 차라리 의절하는 것이 내 심신건강에 이롭다. 직계가족 1촌을 벗어나면 나를 위해 살점을 떼 줄 사람은 거의 없더라는 사실이 모든 관계의 본질임을 살면서 깨달았다.

나로부터 의절을 당했음을 아는 사람 A, 나는 심정적으로 의절을 했지만 본인은 그 사실을 모른 채 그저 관계가 좀 소원해졌겠거니 생각할 사람 B, C가 있다. A는 무슨 이유인지 모르게 나를 무시했다. 가방 끈이 더 긴 나에 대한 열등감이 역으로 작용한 때문일 것으로 생각했지만 정작 A 본인은 자신이 나보다 우월하다는 생각 때문이었을 수도 있었을 것이다. 그러려니, 그러려니 하다 A의 아들 앞에서 참을 수 없는 모욕을 당했던 다음 날 의절을 알렸던 것이 20년, 어쩔 수 없이 같은 공간에 있게 되더라도 눈을 마주치거나 말을 섞지 않는다. 그러면 내 맘이 더 편하니 그렇게 하는데 행여나 A가 나로 인해 상처를 받지 않을까 그런 걱정은 일체 안 든다. 그럴 사람 같으면 의절도 안 하게 됐을 테니까. A도 나도 서로의 삶에 죽이 끓든 밥이 끓든 아무런 관심이 없으니까.

내가 남 모르게 어려운 상황일 때 어쨌거나 내 말을 들어주고, 내 편을 들어줄 것으로 알았던 B가 오히려 나를 공격했다. 그 섭섭함이 너무 커 B를 내 마음속에서 지웠다. 그때 모종의 도움을 C에게 요청했다. 빚보증이 아닌 이상 C가 나를 돕기로만 작심하면 그리 큰 위험을 감수하거나 희생이 필요한 것이 아니었고, 나에게는 그 도움이 절실했는데 C는 단지 '체면'을 이유로 거절했다. 나와 내 가족의 생계보다 자기의 체면을 더 소중하게 여기는 C도 내 마음속에서 지웠다.

마음속에서 지웠다는 것은 핸드폰 번호를 지우는 것, 두고 보자는 생각마저 할 필요가 없는 것, 아무런 정도 주지 않는 것, 입장이 변해 내가 그에게 어떤 도움이 돼줄 수 있다 해도 꼼짝 하지 않는 것, 그를 잊어버려 평소 그에 대해 어떤 생각도 들지 않는 상태를 말한다. 의절이 아니면 내 마음이 너무 힘들 경우 설령 내가 틀리고 그가 맞더라도 의절하는 것이 내 정신건강에 약(藥)이 된다. '원수를 만들면 외나무다리에서 만났을 때 피할 길이 없다'는 말은 상대방에게도 동일하게 적용된다. 의절은 그런 것 저런 것 생각하지 않고 하는 것이다.

"사람 열 번 된다. 원수를 만들지 말아라.
외나무 다리에서 만나면 피할 길이 없다."

내가 감히
차단한 사람들

　서평 게시 등 여러 목적으로 페이스북을 한 지 10년을 넘기다 보니 오프라인에서 잘 아는 사이가 아니라 SNS로만 교류하여 알게 된 사람 간 인간관계란 공기보다 가볍다는 것을 깨달은 지 오래 됐다. 이 공기보다 가벼운 관계를 오프라인 지인과 유지하는 관계로 착각해 관리에 신경을 쓰는 것은 정말이지 쓸데없는 에너지 낭비일 뿐이다. 일면식도 없는 사람이 SNS에서 나에게 스트레스를 준다면 그냥 '친구끊기'를 하거나 아예 투명인간처럼 서로 보이지 않도록 '차단'을 하는 것이 정신건강에 이롭다. 그렇게 해도 나에게 아무런 물리적 피해가 없었고, 상대방 역시 그럴 것으로 본다.

　맘에 드는 글이나 사진에 공감해 댓글을 주고받다가 더구나 오프라인에서 나와 가까운 사람과 가까운 사이라는 것을 알게 돼 더 친근하게 지내던 A가 어느 한 날 어떤 정치적 사건에 대해 자신과 다른 내 의견을 보자마자 버럭 화를 내며 친구끊기를 해버렸다. 조금 황당했지만 'SNS 지인 관계가 그렇지 뭐' 하고 말았다. 대신 아무리 온라인으로 교류하는 사이지만 인간관계를 그리 가볍게 취급하는 사람이라면 내 글을 볼 자격도, 더 연을 맺을 일도 없다 생각해 아예 '차단'으로 대응했다.

평소 간간이 괜찮은 게시글을 올리던 페친 B가 있었다. 어느 날 서평을 쓰기 위해 손에 잡은 산문집 저자가 뜻밖에 B였다. 페친이 쓴 책이라니 반가웠고 아무래도 서평에 신경이 더 쓰였다. 서평이 신문에 실려 포털에 노출되자 평소처럼 내 페이스북 담벼락에 게시했다. 저자 중 페친으로 연결돼 있는 사람은 내가 혹시 자기 책 서평을 써 포털에 뜨거나 페이스북에 게시하면 고맙다는 댓글을 달았고 그게 또 보람이기도 하다. 오는 말이 고우면 가는 말도 곱게 하는 것이 인지상정이니까.

B는 내가 쓴 서평을 못 본 듯 아무런 반응이 없었다. 며칠이 지난 후 B가 어떤 게시글을 올렸다. 나는 그 글의 댓글창에 내가 쓴 서평 칼럼을 링크하면서 '이 책 저자 맞으시죠?'라며 슬쩍 옆구리를 찔렀다. 그럴 경우 대부분 저자는 '졸저를 과찬해주셔서 고맙다'는 입에 발린 말이라도 하는 것이 상식인데 B의 답은 딱 한 글자, '네'가 전부였다. '이렇게 인성이 싸가지 없는 저자가 쓴 산문이라면 아무리 내용이 좋더라도 위선에 쌓인 잡문'이다. 신문 칼럼은 내가 어떻게 할 수 없지만 블로그와 페이스북에 내건 서평은 삭제, B는 조용히 차단했다.

C는 부자였다. 마음은 착한 사람이었는데 돈 자랑이 심했다. '내 재산이 이

렇게 많다'고 대놓고 말하는 것은 아니나 그가 올린 게시글을 읽다 보면 결국 '나는 부자다'는 소리밖에 안 들렸다. 그렇다고 나에게 십 원 한 장 줄 리도 없는데 그때마다 상대적 박탈감으로 스트레스를 받는 것이 싫어 차단했다. 마찬가지로 게시글을 올릴 때마다 어떤 이유로 스트레스를 주는 사람은 친구를 끊는다. 가령 다들 즐겁자고 하는 페이스북인데 노상 우울한 글을 올리며 감정이입이나 위로를 요구하는 경우도 그러하다.

D는 내가 오래전 마음속으로 의절義絕한 사람이다. 그가 어느 날 페이스북에서 활동하고 있는 것이 눈에 띄었다. 주저 없이 그를 차단했다. 서로 안 보는 것이 편한 사이라면 안 보는 것이 서로에게 이롭다. 행여 D가 나로부터 차단당했다는 사실을 알아차린다 해도 내가 왜 차단했는지는 본인 스스로 알 것이므로 오히려 내 마음에 위로가 될 뿐이다. D가 그 이유를 모른다면 차단은 더욱 잘 한 것이다.

인간관계란 주고받는 쌍방향으로 작용하지 일방적으로 작용하지 않는다. 누군가는 반대로 나의 어떤 점이 마음에 들지 않아 조용히 친구끊기를 하거나, 차단을 했겠지만 그건 내가 어떻게 할 수 없는 일이다. 내가 어떻게 할 수 없는 일은 그냥 그대로 두는 것이 상책이다. '내가 없으면 세상도 없다. 나는 세상의 중심이고, 지구는 나를 중심으로 돌아야 한다.'는 것이 내 생각이다. 이것은 '겸손'하지 못한 자만과는 결이 완전히 다른 '자존自尊'에 관한 소신이다. 자존은 나부터 먼저 나를 존중하는 것을 말한다. 내 집 개도 내가 천하게 여기면 남도 천하게 여긴다. 내가 나를 존중하지 않는데 누가 나를 존중해 주겠나.

☞사람은 다음 3종류로 나뉜다. 3은 낙오자가 될 가능성이 매우 높다.

1. 변화를 주도하는 사람

2. 그 변화에 편승하는 사람

3. 뭐가 어떻게 돌아가는지 모르는 사람

☞SNS를 하는 사람은 3종류로 나뉜다. 나는 3을 지향하고, 2를 지양한다.

1. 나를 중심으로 사는 사람

2. 타인을 중심으로 사는 사람

3. 나와 세상을 중심으로 사는 사람

66

"천상천하 유아독존 (天上天下 唯我獨尊), 하늘 위와 하늘 아래에서 오직 내가 홀로 존귀하다."

-석가모니-

"고개를 들어라! 각도가 곧 당신의 태도다."

-프랭크 시나트라-

99

돈은
얼마나 가져야 행복할까?

전 재산이 20억 원밖에 안 돼 서울 강남 아파트에 전세를 사는 사람이 집주인 전화가 오면 집 나가랄까 봐 놀란다는 말을 듣자니 아주 오래 전 신문에 난 기사가 떠올랐다. 강남의 한 초등학교에서 불우이웃돕기 성금을 걷어 반에서 가장 가난한 친구에게 주기로 했는데 그 성금을 받은 아이의 아버지가 세계적으로 잘 나가는 S전자 부장이었다는 '웃픈' 소식이었다.

대체 돈은 얼마나 가져야 행복할까. 나는 비록 서울 아닌 신도시지만 가족들이 안전하고 따뜻하게 몸을 들일 집이 있고, 내가 가고자 하는 곳에 언제든 갈 수 있는 작은 차도 한 대 있다. 캘리포니아에서 잡은 큰 새 목젖구이가 아니라도 아내가 참기름에 금방 무친 시금치나물과 시장에서 사온 들기름 발라 구운 김, 어리굴젓 한 사발이면 밥 한 그릇 뚝딱 비운다.

돈이 많으면 가는 곳마다 대우받겠지만 그건 인품이 아닌 돈을 대우하는 것이니 남에게 욕이나 안 먹고 살면 되지 그런 대우 부러워할 이유가 없다. 돈이 많으면 호화유람선 타고 세계여행을 즐길 수 있어 좋겠지만 마음만 먹으면 호화유람선 아니라도 돈 없이 즐길 수 있는 여행은 많다. '걷는 자 박성기'의 책 『걷는 자의 기쁨』만 봐도 대중교통비만 있으면 건강도 챙기고 눈도 호강하는 여행지가 우리나라 안에 널려있다. 나 역시 일요일이면 동네 산속에 들어가 하염없이 멍 때리는 것이 최고로 좋다. 거기 들어가면 대우도 잘 받는다. 팔백 살 넘은 어르신이 뿌리등걸을 내주고, 예쁜 여목(女木)이 살랑살랑 바람을 보낸다.

그럴 때면 나는 하염없는 허송세월로 생각에 생각이 꼬리를 물고 빠져드는데 옛날에 눈물로 헤어진 여인이나 잘못해 아찔했거나 후회스런 일이 다가올 때는 등산 작대기로 사정없이 후려 패 쫓아 버린다. 대신 나중에 내가 타게 될 '세계적 문학상' 수상작가로서 모교를 방문해 눈에 불꽃 튀는 청년들을 앞에 두고 '멋진 인생'에 대해 인류사에 남을 명 강연을 하는 상상으로 즐거움에 빠져 허우적거린다.

물론 돈이 없으면 아무리 원해도 누릴 수 없는 것들이 많은지라 '돈이 없어도 마음만 행복하면 된다.'는 정신승리는 굳이 해야 할 승리가 아니다. 다만, 돈이란 것이 내가 원한다고 원한 만큼 벌어지는 것이 아니므로 가진 돈 안에서 요령껏 행복지수를 최대한 끌어올리는 것 말고 달리 무슨 방법이 있겠는가? 방법 없다. 혹시나 나보다 더 가난하거나 어떤 불행한 일을 겪고 있는 분이 이 글을 읽고 상처라도 받을까 싶어 나는 오히려 그것이 걱정이다.

"재산을 잃으면 적게 잃은 것이고,
명예를 잃으면 많이 잃은 것이며,
건강을 잃으면 다 잃은 것이다."

세상은 좁고
인생은 길다

나는 직장 다니며 여유 시간에 책 읽고, 글 쓰고, 동네 산에나 다니는 주제라 돈이 많이 들어가는 취미가 없다. 골프, 사진, 캠핑 등 그럴싸한 취미는 깊어지면 장비 욕심에 돈이 하염없이 들어간다. 다행히(?) 심미안이나 음악귀도 얕아 비싼 그림이나 오디오를 살 일도 없다. 가끔 듣는 음악은 핸드폰에 이어폰 꽂으면 음질이 훌륭해 책상 위에 있는 컴포넌트 오디오마저 틀 일이 별로 없다.

대학생 때 어떤 계기로 클래식 음악에 빠진 적이 있었는데 소형 라디오로 음악을 듣다가 사우디아라비아 건설현장에서 귀국한 형님이 선물한 일제 소니 워크맨 카세트에 이어폰을 꽂아 듣는 스테레오 음악에 기절할 뻔 했다. 당시 부잣집 아이들이나 가질 수 있었던 것이라 애지중지 했던 워크맨이었는데 어느 날 두 눈 뻔히 뜨고 잃어버렸다. 책가방을 들고 시내버스를 탔는데 좌석이 없어 버스 뒤쪽에 서 있었다. 가방 안에는 당연히 워크맨이 들어있었다. 고등학생 정도로 보이는 앳된 소녀 둘이 앞쪽 좌석에 나란히 앉아있었는데 자꾸만 내 가방을 들어주겠다며 달라고 했다. 처음에는 거절했다가 가방을 맡기는 것이 그녀들이 내릴 때 그 자리에 내가 앉을 일종의 기득권이라 가방을 건넸다.

얼마나 갔을까. 그녀들이 내렸고 나는 가방을 건네받아 자리에 앉았다. 이제 음악을 듣거나 영어회화를 공부해볼까 싶어 가방 속 워크맨을 꺼내려니 워크맨이 사라지고 없었다. 그때서야 그녀들이 겉옷으로 내 가방을 덮었던 이유를 깨달았다. 내 생전 마음이 그토록 처참했던 적이 없다.

37년 전쯤 서울 시내버스 333번 안에서 있었던 일이다. 그녀들도 이제 오십대 중반 나이가 됐겠다. 세상이 넓은 것 같지만 좁고, 인생이 짧은 것 같지만 길다. 좁고 긴 길을 지나는 동안 그녀들의 도벽은 필시 그녀들의 삶에 징벌을 내렸을 것이다. 그녀들이 아직 살아있다면 이 글을 읽을 수도 있겠고, 죽었다면 지옥에나 있을 것이다.

그녀들만큼 미운 사람이 하나 더 있다. 고등학생 때 자취방을 구해 스스로 밥을 짓는데 밥이 맛있게 되는 경우가 없었다. 반찬이 변변찮으니 밥이라도 맛있게 먹자 싶어 가장 비싼 일반미를 샀는데도 그랬다. 내가 물 조절이나 불 조절을 잘못하나 싶어 이렇게 저렇게 해봐도 쌀알이 입 속에서 굴러다녔다. 시골의 어머니가 오셨을 때야 그 이유를 알았다. 쌀집 할매가 그 동안 통일벼 쌀을 속여서 팔았던 것이다. 아! 손자 같은 어린 학생이 시골에서 올라와 혼자 자취하는데…… 필시 지옥에나 있겠지.

"세상이 넓은 것 같지만 의외로 좁고,
인생이 짧은 것 같지만 의외로 길다.
겸손해서 손해 볼 일 없다."

66 ————————————————————————

"누군가에게 복수하고 싶으면 강가에서 춤추고 노래하라. 어느 날 그놈 시
체가 둥둥 떠내려 오는 것을 보게 될 것이다."

-중국 속담-

———————————————————————— 99

글은 칼이다

~~~~~~~~~~ 80

코로나19 바이러스 때문에 사람들이 SNS에서 머무는 시간이 늘었는데 더구나 대통령 선거까지 겹치다 보니 험한 글 천지다. 조선 문장가 상허 이태준 선생은 글쓰기 입문서 『문장강화』에 글을 조심스럽게 써야 하는 이유를 이렇게 써놓으셨다.

"당신이 쓴 글을 읽고 어떤 사람은 웃고, 어떤 사람은 울고, 어떤 사람은 희망을 갖게 되고, 어떤 사람은 절망의 나락으로 떨어지게 됩니다. 당신이 쓴 글이 다른 사람에게는 새벽 같은 빛이거나 캄캄한 어둠이 될 수 있습니다."

잔인한 글은 칼보다 더 지독하게 사람을 베고, 찌르고, 죽일 수 있다. 글은 사람의 몸뿐만 아니라 마음까지 찌른다. 그러나 해탈에 이른 선사(禪師)가 이르기를 "네가 누군가에게 독화살을 날리면 그 화살은 반드시 너의 심장으로 되돌아온다."고 했다. 누군가를 글로 해꼬지하면 그 순간 스트레스가 풀리고 기분이 좋은 듯하지만 자연의 이치는 그 글에 묻은 독극물이 필히 글쓴이의 몸에 쌓이게 함으로써 저승길을 재촉하게 한다는 말이다. 글로 남 해꼬지나 일삼는 사람의 몸과 마음에 필히 병이 찾아오는 이유다. 욕하는 사람과 그 욕을 전달하는 사람이 욕을 먹는 사람보다 먼저 죽는 이유다. 인터넷 악플러가 다 알아도 결정적으로 이것을 모르기 때문에 악플러로 남는다.

내 무기는 SNS에서 누구와도 댓글로 다투지 않는 것이다. 말싸움을 먼저 걸지 않을뿐더러 누가 싸움을 걸더라도 그냥 무시하거나 피해버린다. 거기서 싸워 이긴들 떡도 밥도 나오지 않는 대신 생채기만 남는다. 누군가 나와 생각이 다르면 그냥 그런가 보다 하고 지나쳐 버린다. 정 못 견디겠으면 관계를 차단해 그의 글을 안 보면 그만이다. 어떤 글이든 남을 직접적으로 비방, 조롱하거나 '죽음, 슬픔, 고통, 우울, 복수, 악마' 등등 부정적 단어를 동원해 쓰지 않으려 노력한다. 내가 됐든 읽는 당사자가 됐든 좋은 말 하고, 예쁜 글쓰기로도 인생은 충분히 바쁘니까.

"욕을 하는 자, 욕을 전달하는 자, 욕을 먹는 자 중 욕을 하는 자가 가장 먼저 죽고, 욕을 전달하는 자가 다음에 죽고, 욕을 먹는 자가 가장 오래 산다."
–불가(佛家) 전언–
"타인을 욕함으로써 자신의 입을 더럽히지 말라. 남을 해치려 한 말은 반드시 자신에게 돌아오는 법이다. 만약 자기 자신을 억제할 수 없다면 입에 자물쇠를 채우라. 욕설은 타인을 해치려고 하는 말이지만 도리어 자신을 해치고 만다."

-법망경-

"

사람이 재산이다

나는 의리(義理)를 중히 여긴다. 국어사전에는 '사람이 마땅히 지켜야 할 도리'라고 돼있으나 그보다는 '좋게 인연을 맺은 사람을 사사로운 이익을 위해 배신하거나 뒤통수치지 않는 것'을 의리로 친다. '우리가 돈이 없지 가오가 없냐?'는 영화 대사는 이런 경우 나쁘지 않다. 의리 때문에 삶의 행로가 크게 바뀐 적이 두세 번 있지만 그것으로 이어진 현재의 결과에 실망하거나 후회하지 않는다. 역사에 가정만큼 무의미한 것도 없다.

의리를 중시하며 살았더니 '사람이 재산이다'는 말이 진짜 맞는 말임을 실감했다. 패기 넘치는 젊은 날에는 '내가 잘나면 되는 것이지 남이 무슨 재산?' 하며 시건방 떨었을지라도 중년을 넘어서자 내가 온전히 살 수 있는 것은 모두 주변 사람들의 도움과 협조 덕이라는 사실을 몸으로 겪었다.

사업이든 기술이든 공직이든 한 분야에서 거장(Master)에 이른 사람의 내면을 들여다보면 대부분 '겸손과 배려'가 몸에 배어 있었는데 그것이 주변 사람의 도움과 협조를 불러들여 성공에 이르게 했다는 반증이다. 심지어 등 어루만지며 간 꺼내먹는다는 정치판에서도 끝내 민심을 얻는 정치인은 겸손하고 배려할 줄 아는 정치인이다. 겸손과 배려가 있는 것처럼 위장해 사업에 성공하거나 민심을 얻는 사이비(似而非)는 반드시 그로 인해 나락으로 떨어지는 인과응보(因果應報)를 우리는 늘 본다.

나와 엮인 사람의 인간관계란 블랙박스다. 누구든 그가 쳐놓은 그물이 바다 속 어디까지 뻗어있는지를 나는 전혀 알 수 없다. 나와 내 가족이 잘 먹고 잘 살기 위해서라도 좋은 인연 맺은 사람과 의리를 중히 여기는 것이 필수라는 것을 현실에서 뼈저리게 겪은 일이 한두 번이 아니다. 세상이 넓은 것 같지만 의외로 좁고, 인생이 짧은 것 같지만 의외로 길다. 그 안에 독불장군은 없었다. 사람이 재산, 맞다.

"친구라면 싸울 때 싸우더라도
칼등으로 치되 칼날로 치지 마라."

"세상이 넓은 것 같지만 의외로 좁고,
인생이 짧은 것 같지만 의외로 길다.
사람이 재산이다."

"

"사람이 온다는 것은 실은 어마어마한 일이다. 과거, 현재, 미래, 그의 일생이 오기 때문이다."

-정현종 시 '방문객' 중-

"

5만 원으로
사람 얻기

조용하던 동창회 카톡방이 오랜만에 분주하다. '삼가 고인의 명복을 빕니다'가 주르르 이어졌다. 부친상을 당한 친구 A의 부고가 떴던 것이다. 부고가 뜨면 나는 4년 전 모친상 치를 때 기록해둔 '부조계'부터 먼저 확인한다. 그때 누가 얼마나 조의금을 냈는지 기록해둔 장부인데 거기에 부고 당사자가 있는지, 있으면 얼마나 했는지 확인하고 적어도 그 금액만큼은 조의금을 내는 것이다. 상호부조라는 전통으로 봐서도 경조사비는 갚는 것이 도리다. 요즘은 대부분 경조사 알림에 당사자 계좌도 함께 있다.

A는 좀 특별한 것이 내가 모친상을 지내고 나중을 위해 부조계를 정리할 때 그의 이름이 보이지 않아 의아했었다. 나와 관계를 생각하면 없을 리가 없는데 없었다. A에게 사실을 확인해볼 수도 없는 문제라 누구에게 조의금을 대신 부탁했는데 제대로 전달이 안 됐거나 당시 A 핸드폰이 불통이었거나 하여간 무슨 사정이 있었겠거니 하고 말았었다.

코로나19 바이러스로 인해 멀리 지방까지 문상을 가는 것은 아예 어렵고 대신 조의금은 보내야 하는데 A가 내 모친상 때 조의금을 내지 않았다는 사실 때문에 '내가 조의금을 내는 게 맞는지' 고민했다. 오래 걸리지 않았다. '내가 조의금을 보내지 않으면 A 역시 그 사실을 알게 될 것이고, 나에 대해 심히 섭섭하거나 의아한 마음을 갖게 될 것이다. 둘 사이에 겉으로는 태연하겠지만 마음속에서는 한 단계 멀어지게 될 것이다. 5만 원으로 지금 A 정도 신뢰를 유지하는 친구를 살 수 있겠는가?'라고 내게 물었고 그 즉시 조의금을 입금하게 됐다.

조의금을 입금하고 나니 '만약 안 했을 때 나중에 A를 만나면 어떻게 하지?' 같은 걱정이 일시에 사라졌고, 마음이 한결 편했다. 그 편한 마음만으로도 5만 원은 충분히 가치가 있었다. 물론 내가 무한부자도 아닌데 안면 좀 있다고 모든 사람 경조사를 챙기기는 어렵고 나름대로 정해놓은 기준은 있다. 그 기준은 여전한 인간관계를 위해 밝힐 수 없지만 '5만 원으로 그런 사람을 새롭게 얻을 수 있는지'도 세 손가락 안에 드는 기준이다. 익은 감도 떨어지고 선감도 떨어지는 나이 오십이 넘으면 벌어 쌓아둔 돈이 내 돈이 아니라 쓰는 돈이 내 돈이다. 돈, 잘 쓰자!

"나이 오십이 넘으면 벌어 쌓아둔 돈이 내 돈이 아니라
쓰는 돈이 내 돈이다. 좋은 일에 많이 쓰자."

사람 열 번 된다

첫 저서 『거금도 연가』 출판을 강행했던 사연은 이렇다. 내 실명을 건 서평 칼럼 '최보기의 책보기'를 시작하고 2년이 지났을 즈음 어떤 책이든 책을 한 권 내면 좋겠다는 생각이 들었다. 언론에 칼럼이 실려 포털에 노출이 되면 그 것을 SNS, 인터넷 카페 등 여기저기 퍼나르며 내 이름을 알리는 '홍보'를 하 는데 그때까지 내게 붙어있는 꼬리표는 (이미 망해버린) '홍보대행사 탑피알 대 표'였다. 객관적으로 쓴 서평일지라도 독자들이 '홍보'로 오해하겠다는 생각 과 기왕이면 '작가' 꼬리표로 서평을 쓰는 것이 신뢰도가 더 높을 것 같았다.

마침 그때 고향 거금도가 육지로 변하는 다리 개통을 눈앞에 두고 있었고, 전국팔도로 흩어진 고향 사람들이 모인 '거금도 닷컴' 홈페이지에 심심풀이 로 연재했던 고향에 관한 추억담이 많은 향우들의 향수를 달래줄 때였다. 바 빠서 한동안 글을 안 올리면 왜 글을 올리지 않느냐는 채근과 항의(?)가 쏟아 졌다. 다리 개통을 기념해 그 연재 글들을 모아 책을 내면 되겠다는 생각을 했 는데 마침 그 생각에 동의하는 출판사가 있어 부족하나마 출판을 강행, 홍보대행사 대표에서 작가(?)로 탈바꿈하게 됐다.

당시 출판사 조건이 구매예약 천 권을 먼저 해주는 것이었는데 그런 목돈을 들여 출판 할 입장이 못 돼 주변 형제, 지인들에게 십시일반 도움을 요청하는 전화를 돌렸다. 사람이 재산이라고 전화를 돌린 지 이틀 만에 천 권을 조금 넘는 구매 예약자 리스트가 출판사에 들어갔다. 그렇게 빨리 천 권이 예약되리라고는 미처 생각 못해 놀랐고, 대부분 강요, 협박, 애걸에 다섯 권, 열 권, 스무권, 서른 권씩 '강매'를 당한 지인들이라 그때 주변 사람들에게 마음과 물질의 신세를 크게, 아주 크게 졌다.

물론 전화를 받은 사람마다 100% 사전예약에 응해주는 것은 아니었고, 그것은 당연했다. 사업에 성공해 큰 부자가 됐다고 소문난 A 역시 마찬가지였다. 다만, 내가 A에게 섭섭했던 것은 전화를 걸어 사정을 말하자마자 '다음에 이야기하자'며 바로 전화를 끊어버린 것 때문이었다. 당시 내 전화를 받은 누구도 그런 이는 없었다. 10년 전 일이었다. 그 이후 어떤 유력자와 만나는 자리에 사업 목적으로 나오는 A와 두어 번 조우했지만 형식적인 인사 외에 더 대화는 없었다.

그런데 『내 인생의 무기』를 쓰던 중에 내 핸드폰에 저장돼있지 않은 번호가 뜨면서 전화가 와 받았더니 뜬금없는 A였다. 그가 내게 모종의 부탁을 하는 것이었는데 들어보니 그의 입장에서는 '매우 중요한 문제'였고, 내 입장에서는 그리 크게 힘을 쓰지 않아도 들어줄 수 있는 것이었다.

　나는 10년 전 A의 매몰찼던 대우를 잊지 않고 있었다. 그때 일을 그에게 되새기며 매몰차게 전화를 끊는 대신 '관심 갖겠다'고 했지만 내 마음 속에는 도저히 관심을 기울일 생각이 일어나지 않는다. 그리고 그 내막을 『내 인생의 무기』에 쓰게 될 줄 몰랐다. '사람 열 번 된다'고 팔자와 입장이란 언제 어떻게 바뀔지 모른다. 평소 누군가에게 매몰차게 굴면 내가 그에게 아쉬울 때 답이 없다. 살다 보면 그런 일이 잦다.

"베풀 수 있으면 열심히 베풀어라.
내가 필요로 할 때 그 베풂이 다 내게로 다시 돌아온다."

"대접받기를 원하면 먼저 대접하라"

-성경 마태복음 7:12-

사 가지가 없다

이 세상에 없는 사(4) 가지가 있다. '비밀, 공짜, 돈 잃고 속 좋은 사람, 독불장군'이다. 세상 어떤 일도 '스스로 알고, 땅이 알고, 하늘도 안다'니 드러날 것은 언젠가 드러난다. 공짜도 마찬가지다. '이 세상에 공짜 없다'는 평범한 진리를 마음에 새기지 않으면 낭패 당하기 십상이다. 정말로 일확천금을 벌 수 있는 기회라면 자기 가족이나 형제들에게 먼저 주지 뜬금없는 남에게 줄 턱이 없다.

'돈 잃고 속 좋은 사람'이란 친구들과 게임이나 도박에 져 돈을 잃으면 겉으로는 아무렇지 않은 듯 웃어도 속으로는 기분이 좋지 않다는 뜻인데 넓게 보면 목표했던 뭔가를 이루지 못하고 실패한 사람에게 다 적용된다. 이때는 그 사람이 속으로는 기분이 나쁘거나 우울하다는 것을 미리 알고 대해야 불쾌함이나 상처를 주지 않는다. 물론 친한 사이에 놀려먹기 정도라면 괜찮겠지만.

사업, 직장 불문하고 목표를 이루기 위해서는 여러 사람의 도움과 조력이 반드시 필요하지 자기 혼자 잘 나서 혼자 힘으로 다 이루는 독불장군이 없다는 것은 자명하다. 대기업에서 부장까지는 자기 노력으로 어느 정도 가능하다. 그러나 임원이 되는 것은 위아래 주변의 평판과 조력이 있어야 한다. 선거도 마찬가지다. 독불장군이 당선되기란 낙타가 바늘구멍 꿰기보다 어렵다. 만약 당신 주변에 독불장군이 없다면 이유는 이미 그가 예선에서 탈락해버렸기 때문이다.

『공무원 글쓰기』를 출판했을 때 나는 그 사실을 새삼스레 깨달았다. 책이 나오고 나서 페이스북(facebook)과 단체 카톡방 등에 소식을 올리자 여기저기 공유해주는 사람, 본 적 없는 사이임에도 책을 구매해 가까운 공무원에게 선물하는 사람, 서평을 정성껏 써서 올려주는 사람, 자기가 몸담고 있는 기관의 단체 구매를 추진해주는 사람 등 알게 모르게 돕는 분들 덕분에 발간 2주 만에 2쇄를 찍을 수 있었다. 심지어 어떤 독지가는 공무원들의 경쟁력을 높이는 데 기여하겠다며 책을 여러 공공기관에 증정하도록 출판사에 직접 돈을 보내기도 했다. 온라인 서점에는 알 수 없는 독자들의 자발적 서평이 올라왔다. 이런데도 어떻게 세상사 독불장군이 있다고 하겠는가? 없다. 예선에서 탈락하지 않고 지금까지 걸어온 당신이라면 최소한 독불장군은 아니니 걱정할 필요가 없겠다.

"'세상에 공짜는 없다'는 말만 머릿속에 담고 있으면
사기꾼에게 당할 일이 없다."

아니다 싶은 책
공격하지 않기

〈최보기의 책보기〉 북칼럼을 쓰기 시작한 직후 신문사 중견 기자를 만났다. 내가 이러저러한 이유로 서평을 시작했다는 말에 기자는 '반드시 책을 읽고 쓸 것, 문화부 기자와 차별화할 것, 아니다 싶은 책은 쓰지 말되 공격하지 말 것' 등 3가지를 충고했다.

책은 반드시 읽었다. 과거 읽었던 책이라도 다시 읽었다. 니코스 카잔차키스의 『그리스인 조르바』나 마이클 샌델의 『정의란 무엇인가』처럼 글감이 잘 잡히지 않는 책은 잡힐 때까지 다시 읽었다. 그리고 쉽고, 짧고, 재미있게 쓰는 것으로 차별화하기로 했다. 신문사 기자들이 쓰는 '신간소개'는 바쁘다 보니 출판사가 보낸 보도 자료를 참고하는 경우가 많아 출판사 홍보 관점으로 내용이 비슷했다. 학자나 전문가가 쓴 서평은 품격(?)과 전문식견을 드러내려는 욕심에 '비극적 제노사이드를 초래했던 앵똘레랑스에 똘레랑스는 있을 수 없었다'는 식이어서 일반 독자가 서평에 지레 겁먹어 독서를 포기하게 만드는데 그런 일이 없게 하자는 의도였다. 덧붙여 책의 내용을 요약하는 것은 누구나 쓸 수 있으므로 그 책이 던지는 주제를 압출해 독서욕구를 자극하되 긴 글을 꺼리는 독자 취향에 맞춰 짧고, 간결하게 쓰기로 했다.

'아니다 싶은 책 공격하지 말라'는 것은 사람마다 생각과 관점이 다르므로 서평가 본인만이 정답이라고 자만하지 말 것, 애써 책을 낸 저자와 출판사 입장을 배려해 차라리 침묵하라는 뜻이었는데 지금까지 그 충고를 지킨다. 종이 한 장이면 될 내용을 가지고 책 제목 그럴싸하게 붙인 후 마케팅 물량공세로 수백만 권을 판 자기계발서, 청년 문제에 해법제시 없이 '그저 참고 노오력하라'는 자기계발서로 가난한 청년들 지갑을 털었던 산문집, 이렇게 딱 두 권 공격했다.

특히 '자기계발서' 종류는 잘 소개하지 않는다. '자기계발이란 신념과 철학에 달렸지 기술(테크닉)을 몰라서가 아니다.'고 생각해서다. 아침형 인간이 좋다는 것을 몰라서 늦잠을 자는 것은 아니니까. 대신 어렵고 힘들 때 읽고 싶은 책을 읽다 보면 그 안에 내게 힘이 되는 지점이 반드시 있었다. '모든 책은 자기계발서'라고 주장하게 된 배경이다. ('내 인생의 선배들' 편 참조).

그러나 정말 어렵고 힘들 때 잘 고른 자기계발서 한 권은 원기회복에 아주 좋은 보약이 될 수 있음도 스스로 체험했다. 1998년 리먼 브러더스 금융사태로 운영하던 홍보대행사 문을 닫은 후 절망스런 시기에 손에 잡았던 고(故) 차동엽 신부님의 『무지개 원리』가 그런 책이었다.

"모든 책은 자기계발서다.
어렵고 힘들 때 읽는 책에는
내게 힘이 되는 지점이 반드시 있다."

❝

"성공하고 싶으면 성공한 사람처럼 생각하고 행동하라. 영화감독 스티븐 스
필버그는 열일곱 살 어린 나이에 자신이 진짜 프로 감독인 양 정장차림에 서
류가방을 들고 유니버셜 스튜디오를 들락거렸다."

-고(故) 차동엽 신부 『무지개 원리』-

❞

너무 걱정 마라
어떻게든 된다

15세기 일본 불교계에 유명한 이큐 선사가 있었는데 입적을 앞두고 그를 따르던 사찰의 제자들에게 "정말로 큰 어려움이 닥쳐 길이 없거든 열어보라"며 밀봉된 편지 한 통을 남겼다. 몇 년 후 사찰에 큰 어려움이 닥치자 제자들이 그 편지를 개봉했는데 "너무 걱정마라. 어떻게든 된다."라고 적혀있었다고 전한다.

병원에 종합검진을 예약해놓거나 자식이 대학입시 같은 큰일을 앞두고 있을 때면 '큰 병이 있다고 하면 어떻게 할까, 혹시 시험 치다 답안지 실수를 하지나 않을까' 근심걱정이 태산인 경험은 누구에게나 있고, 지금도 그러며 산다. 불과 엊그제도 코로나19 백신 예방접종을 앞두고 부작용이 있다는 소리에 가족들 걱정을 얼마나 많이 했던가. 그런데 지금 이렇게 새벽 글을 쓰고 있는 것 자체가 과거 숱하게 했던 그런 걱정들이 다 별일 없이 지나갔다는 얘기의 반증이다.

지금까지 살면서 겪은 바로는 아파트 아래층에 물이 새 원인을 찾고 고쳐야 하는 일, 누전이 생겨 원인을 찾는 일, 차가 고장 나 고쳐야 하는 일, 까다로운 거래와 복잡한 서류를 떼가며 이사를 해야 하는 일 등 미리 생각하면 머리 아프나 막상 닥쳐서 하고 나면 그저 사소한 일부터 가까운 사람과 영원한 이별 같은 큰일까지 돈을 들이거나 시간을 들이면 결국 '어떻게든 되는 것'은 맞는 말이었다.

정말 악마나 다름없는 짓을 하다 국회의원까지 된 사람이 있었다. 그이가 국회의원 면책특권을 이용해 야비한 짓을 할 때마다 정말 화가 났고, 품성이 그렇게 나쁜 자가 국회의원을 계속 하는 정치문화에 절망했다. 그러던 어느 날 대형 부패사건이 터졌는데 그가 연루된 것이 드러났고, 버티던 그의 파멸을 지켜보다가 과거 그 사람으로 인해 분노하고 절망했던 나를 돌아보며 웃었다. 시간이 흐르면 다 어떻게든 되는 것이었는데.

"너무 걱정 마라. 어떻게든 된다."
-이큐 선사-

"우리가 하는 100개의 걱정 중 40개는 결국 일어나지 않는다. 30개는 이미 지나버린 일에 대한 것, 22개는 일어나더라도 대처 가능할 만큼 사소하다. 4개는 천재지변처럼 일어나더라도 어떻게 할 수 없는 일, 나머지 4개만이 대비하고 헤쳐나가야 할 걱정이다. 4개만 걱정하면 된다." 『모르고 사는 즐거움』
-어니 젤린스키-

인생정답 단무지

누구나 아는 TV 프로그램 중 '생활의 달인'이 있다. 셀 수 없는 달인들을 보며 혀를 내둘렀지만 특히 기억에 남는 몇 사람이 있다. 코끼리차라고 부르는 중장비 포크레인으로 땅바닥에 놓인 날계란을 자유자재로 옮기는 아저씨, 새총으로 멀리 놓인 맥주병 뚜껑 옆면을 맞춰 따는 남자, 햄버거 한 개에 들어갈 고기 재료(패티) 정량 120g을 저울이 아닌 손으로 재서 다지는데 오차가 ±1g을 넘지 않는 수제 햄버거 달인 등이다. 이들의 정확도는 머리가 아니라 몸이 일을 기억하는 수준이어야 가능한데 비결은 오로지 하나 단무지! '단순무식지속'이다. 한 분야에 거장이 되기 위한 조건인 '일만 시간의 법칙'도 결국 단무지다.

나는 청년 때 문학을 공부한 '문청'도 아니었고, 대학에서도 문학과 거리가 먼 행정학을 전공했기에 글쓰기와 거리가 아주 멀었다. 글쓰기로 책을 낼 팔자일 거라고는 전혀 생각 못했다. 우여곡절 방황하다 대기업 홍보실에 취직, 언론PR을 맡아 기자들에게 보내는 '보도 자료'를 쓰기 시작해 홍보대행사로 이어지면서 25년 넘는 단순반복이 현재 글쓰기의 밑바탕이 됐다. 보도 자료의 핵심은 간결명료하게 사실을 전하는 것이다.

당연히 내가 쓰는 글은 창작에 속하는 문학이 아니라 서평, 칼럼, 보고서, 제안서 등 실용문이다. 25년 같은 일을 반복하다 보니 어느 순간 '글을 맛깔 스럽게 쓴다'는 평을 얻게 됐다. 감각이 붙은 것이다. 『내 인생의 무기』까지 감히 책을 여섯 권이나 쓰게 된 배경이다. 선거에 출마하려는 정치인이 출판기 념회용 책을 급히 만들어야 할 경우 일주일만 주어지면 책 한 권 분량 원고를 뚝딱 써내는 능력도 '단무지 보도 자료 쓰기, 서평 쓰기'로 몸에 글이 붙은 덕이다.

'글쓰기는 이론이 아니라 감각'이라는 말이 맞다면 '글을 가지고 노는' 수 준은 머리가 아니라 손에 글이 붙은 경지일 것이다. 유명한 소설가치고 명작 이 탄생하기까지 습작과 필사(筆寫 베껴 쓰기)를 산더미처럼 쌓지 않은 사람이 없다. 보고서를 간결명료하게 쓰는 직장인은 하루아침에 만들어지지 않는다. 자기가 하는 일의 시작과 끝을 꿰뚫어야 한 문장으로 간결명료하게 설명하고, 보고할 수 있다. 보고를 받는 상관 역시 전후좌우를 간파하지 못하면 간결한 보고를 받을 능력이 생기지 않는다. 시장과 소비자에 대해 속속들이 아는 카 피라이터라야 불멸의 한 줄 카피를 써낼 수 있다.

구르는 돌에 이끼 끼지 않고, 이사가 잦을수록 살림살이만 깨진다. 단순하고, 무식하게, 지속적으로 한 가지 일을 반복하는 것, 한 우물만 파는 것이 거장에 이르는 지름길임은 '빼박 사실'이었다.

"성공의 반대말은 실패가 아니라 포기다."

"낙숫물이 바위를 뚫고, 파도는 끝내 절벽을 이긴다."

삶의 절대반지는 이것

~~~~~~ 88

인생 무기 처음이자 끝, 절대반지는 건강이다. 이를 더 말하면 잔소리다. 소설가 고 박완서 선생의 '일상의 기적'이란 글이 유명하다. '심장이식, 간이식, 관절염과 허리 디스크 치료 등 건강을 잃었을 때 들어가는 비용을 따지면 건강한 사람의 몸 가격이 51억 원이고, 누구나 공짜로 마시는 산소로 인해 매일 860만 원을 벌고 있다.'는 통찰이다.

『내 인생의 무기』 첫 이야기가 '인생 성공 비결은 겸손과 건강'이었고, 마지막 이야기 역시 건강이다. 건강하면 모든 무기를 가진 것이고, 건강을 잃으면 무기가 없는 것이다. '재산을 잃으면 조금 잃는 것, 명예를 잃으면 많이 잃는 것, 건강을 잃으면 다 잃는다.'는 말은 진리다. '건강은 건강할 때 지키라'는 말은 진리 중 진리, 인생의 무기 중 무기다. 돈보다, 권력보다, 명예보다 먼저 건강부터 챙기자.

『내 인생의 무기』 88개는 여기서 끝난다.

운칠복삼(運七福三)이 그대에게!

"재산을 잃으면 조금 잃는 것이요,
명예를 잃으면 많이 잃는 것이고,
건강을 잃으면 다 잃는 것이다.
건강은 건강할 때 지켜야 한다."

"기적은 하늘을 날거나 바다 위를 걷는 것이 아니라 땅에서 걸어다니는 것이다."

-중국 속담-

글을 마치며…

"지금 알게 된 것을 그때도 알았더라면"을 주제로 삼은 책이 꽤 있다. 나 역시 그렇다. 내가 새파랗게 젊었을 때부터 '내 인생의 무기'들을 알았더라면 이후의 삶이 많이 달랐을 것이나 역사에 가정이란 공허하다.

뒤늦게라도 인생의 분기점은 운(運)이 지배하는 경우가 많으나 분명한 것은 구체적인 목표를 향해 치열하게 노력하는 사람에게만 운이 따른다는, 지극히 평범한 진리를 각성하게 된 것은 다행 중 다행이다.

남과 나를 비교하며 스스로를 기죽이거나 무리하지 않는 대신 내가 가진 자질, 재능, 자원의 범주에서 최대한의 노력과 거기에 따른 운으로 거둔 나만 의 성과에 만족하는 삶이 '편한 인생'이라는, 겸손과 배려가 결국에는 나에게 이익이 된다는 '무기'를 얻게 된 것도 참으로 다행 중 다행이다.

그렇지 않았다면 나는 끝내 '이생망-이번 생은 망했다'며 패배의 바다에

침몰해 허우적거렸을 것이 분명하다. 그것을 겪어야 할 인생이란 얼마나 비참한가.

결국 산티아고 노인은 옳았다.

"인간은 패배하도록 만들어지지 않았어.
사람은 파멸당할 수는 있을지언정 패배하지는 않아!"

내 인생의 무기

초판 1쇄 인쇄 2022년 8월 10일
초판 1쇄 발행 2022년 8월 15일

지은이 | 최보기
발행인 | 전익균, 전형주
이 사 | 정정오, 김영진, 김기충

기 획 | 백현서, 조양제
편 집 | 김 정
디자인 | 얼앤똘비악 earl_tolbiac@naver.com
관 리 | 김희선, 유민정
개 발 | 신두인
언론홍보 | (주)새빛컴즈
마케팅 | 팀메이츠

펴낸곳 | 새빛북스, (주)아미푸드앤미디어
전 화 | 02)2203-1996, 031)427-4399 팩스 050)4328-4393
출판문의 및 원고투고 이메일 | svedu@daum.net
등록번호 | 제215-92-61832호 등록일자 | 2010. 7. 12

가격 16,000원

ISBN 979-11-91517-21-7 (03190)